CHRONIQUE

NATIONALE.

9 SEPTEMBRE 1830.

TABLE DES MATIÈRES.

ON SOUSCRIT A CET OUVRAGE,

A PARIS,

AU CABINET DE LECTURE,

PASSAGE DE L'OPÉRA, GALERIE DU BAROMÈTRE;

CHEZ L'ÉDITEUR, RUE HONORÉ-CHEVALIER, N° 8,

PRÈS LE LUXEMBOURG;

ET CHEZ LES PRINCIPAUX LIBRAIRES.

PRIX DE LA PREMIÈRE LIVRAISON : 2 FRANCS.

PARIS. — IMPRIMERIE DE COSSON,
Rue Saint Germain-des-Prés, n. 9.

CHRONIQUE

NATIONALE.

PARIS. — IMPRIMERIE DE COSSON,
RUE S. GERMAIN-DES-PRÉS, N° 9.

CHRONIQUE NATIONALE,

OUVRAGE DESTINÉ À CONSTATER PAR DES FAITS ET DES DOCUMENS AUTHENTIQUES LES ABUS DU POUVOIR, ET TOUTES LES MESURES QUI TENDRAIENT A COMPRO-METTRE L'AUTORITÉ CONSTITUTIONNELLE DU ROI ET DES CHAMBRES;

·PAR UNE SOCIÉTÉ DE PUBLICISTES.

> On appauvrit les pauvres par l'impôt, pour enrichir les riches par la dotation.
>
> (EUSÈBE-SALVERTE, *séance de la chambre des députés du 22 avril 1289.*)
>
> Vitam impendere vero.

UN VOLUME

COMPOSÉ DE SIX LIVRAISONS, QUI PARAÎTRONT SUCCESSIVEMENT D'ICI AU 15 OCTOBRE.

PREMIÈRE LIVRAISON.

A PARIS,

CHEZ L'AUTEUR, RUE HONORÉ-CHEVALIER, N° 8,

PRÈS LE LUXEMBOURG,

ET CHEZ LES PRINCIPAUX LIBRAIRES.

1830.

CHRONIQUE

NATIONALE.

Nous ne voulons point faire une opposition de personnes, mais une opposition de principes. Lorsqu'on prétendait étouffer la liberté de la presse en France, les paroles suivantes furent prononcées par l'un de nos collaborateurs, devant la cour d'assises :

«Je méprise les vices que fait contracter l'habitude du pouvoir ; je déteste les crimes auxquels il conduit ; mais je respecte ceux qui l'exercent, parce que je vois en eux mes semblables et que l'entraînement du pouvoir est si fort que nul d'entre nous ne peut se flatter d'avance d'y résister. Mais, Messieurs, quand le chef de l'état lui-même, éclairé par de longs malheurs, prend des garanties contre la faiblesse humaine, contre sa propre faiblesse, quel est l'audacieux qui ose renverser à la fois toutes ces garanties et dire au monarque : Vous n'en avez plus besoin! Voilà bien le moment qu'il avait prévu arrivé, il est entouré par la séduction : le langage des flatteurs s'est fait entendre. On lui conseille de se délivrer des liens qui le gènent et de goûter en repos toutes les douceurs du pouvoir absolu. L'homme ébranlé est prêt à céder, il oublie les conseils de la sagesse. Quel est le devoir de ses vrais amis en ce moment ? il leur crie : Déliez-moi ! Ah ! qu'ils redoublent plutôt ses liens ; qu'ils soient sourds à ses cris, à ses plaintes, à ses gémissemens, comme il devrait l'être au langage des flatteurs ! Il y va de son salut, il y va du salut commun. Après avoir échappé au danger, il reconnaîtra un jour ses vrais amis, et il rendra grâce à leur fermeté, à leur violence même, de son propre salut et du salut public.

» Oui, le gouvernement court des dangers, mais c'est l'abus du pouvoir et non l'esprit de révolte qui les a suscités. Le peuple est la première victime des troubles qui l'agitent ; il veut maintenir la loi fondamentale ; ce n'est point lui, ce sont ceux qui veulent la renverser, ce sont les agens du pouvoir qui sont en révolte. Quatorze siècles de monarchie absolue sont un terrible précédent pour nous. Sous un gouvernement où il n'existe d'autre loi que la volonté du maître, il semble que le peuple seul puisse se révolter. Si l'on admet que le gouvernement ne doive pas être soumis à la loi comme les citoyens, alors il n'y a plus de régime constitutionnel, il faut obéir et se taire ; car toute discussion des actes de l'autorité est un crime sous un gouvernement absolu. Ce silence, Messieurs, serait le précurseur de grands orages ! Nous avons voulu les prévenir, non pas dans l'intérêt des institutions, car elles leur survivront, mais dans celui des individus, car ils pourraient disparaître dans la tourmente. Je tâcherai toujours de m'interposer entre les passions du peuple qui s'attachent à l'individu, et celles des grands qui les portent à mépriser les principes : sûr de leur triomphe, je chercherai à éviter la perte de ceux qui les attaquent, car elle me paraît imminente ; mais si elle n'opère qu'un déplacement d'individus, elle est inutile, et elle est indigne d'un grand peuple, d'un peuple généreux et éclairé, qui désormais peut arriver à la liberté avec calme, avec ordre et sans outrager l'humanité. »

Nous partageons entièrement les principes émis en 1820 par notre estimable collaborateur ; ils sont encore les nôtres aujourd'hui.

DE LA NOUVELLE LOI ÉLECTORALE.

La Charte a posé les bases de la nouvelle législation électorale ; elle ne pouvait en spécifier toutes les conditions : c'eût été faire la loi. Mais tout ce qui avait été dit à la tribune, tout ce que réclamait l'opinion publique faisait assez connaître quels étaient les principes qui devaient prévaloir. L'abolition du double vote, et par conséquent l'anéantissement des colléges départementaux, la réduction du cens d'éligibilité, celle de l'âge, qui exclut la partie active de la population, voilà les garanties qui étaient réclamées par la nation, celles que la révolution obligeait le gouvernement à nous donner. Le caractère bien connu du Roi nous était un gage que ces garanties nous seraient assurées ; nous avions assez fait pour les gagner.

Et voilà que le Ministère propose, que la Chambre adopte une loi transitoire qui viole toutes ces garanties qui trompe toutes ces espérances, qui fausse tous les engagemens contractés au bruit du canon du 28 juillet.

Au lieu de ce que nous demandions, que nous donne-t-on ? le même âge d'éligibilité, le même cens, à peu près les mêmes colléges de département que sous les lois qui violaient la Charte de 1814. Et voilà que des députés, qui ne craignent pas de se dépopulariser, tombent en extase devant le projet de M. Guizot. « Il est transi-» toire, s'écrient-ils, et nous devons nous hâter de l'a-» dopter. Plus tard, nous ferons une loi. »

Il est provisoire ? Et pourquoi n'avez-vous osé lui substituer une loi définitive ? Craigniez-vous que l'opinion publique ne se prononçât avec trop de faveur pour le ministère ? Soyez sans crainte ; elle ne le gâte pas trop, et il peut descendre beaucoup avant que d'être trop plébéien. Le temps vous manquait ? Toutes les fois que le dernier gouvernement voulut repousser la responsabilité ministérielle, il répondit de même, et l'opinion fit justice de ces défaites. La Chambre n'avait pas le pouvoir ? Elle préférait remettre à une autre législature le soin de nous donner une loi mûrement délibérée et consentie par tous les délégués de la nation ? Singulière délicatesse qui s'empare un peu tard de vous. Quoi ! vous avez déclaré bien acquis les droits que nos fusils vous ont donnés, vous avez aboli une dynastie, vous avez créé une royauté nouvelle, vous avez improvisé une constitution, et maintenant qu'à l'aide de ces mutations vous vous êtes portés fort des volontés de la nation pour la distribution des places et dignités, vous vous trouvez tout à coup impuissans pour nous donner une bonne loi électorale?

Députés, vous avez montré de la fermeté dans plus d'une journée de votre courte et importante session; mais puissiez-vous n'avoir point à vous reprocher la fatale condescendance que vous avez montrée pour les idées illibérales de certains ministres, restés trop au-dessous des graves circonstances qui nous dominent. A qui d'eux ou de vous adressera-t-on le reproche d'avoir voulu perpétuer l'abus des dernières lois et la criminelle restriction de l'âge imposé au droit par la Charte perfide de Louis XVIII?

Aux Ministres, on dira : « Vous avez redouté les lu-
» mières d'une nation jeune et vigoureuse, éclairée par
» quinze années de déceptions; vous avez voulu vous
» perpétuer avec une Chambre dont toute la vigueur
» politique consista à blâmer Polignac, et à voir dans
» Martignac le sauveur des libertés publiques. Vous
» avez proposé une loi transitoire, avec l'espérance de
» remettre indéfiniment la présentation d'une loi véri-
» tablement nationale. »

A vous, Députés, on vous dira : « Vous redoutiez les
» opinions désintéressées et patriotiques de la jeunesse;
» vous n'avez pas voulu admettre une diminution d'âge
» ni de cens, parce que vous avez espéré d'être à peu
» près seuls conservés à la députation, et que vous avez
» fait de la députation un point de départ pour l'in-
» vasion des places et des honneurs. »

Voilà où vous a conduit une faiblesse ou une erreur.

Mais pendant que l'on vous tient ce langage sévère qui vous blesse, que dira-t-on au Roi, au Roi qu'aucune vérité ne blesse, qu'aucun droit n'étonne, qu'aucun principe ne trouve en arrière?

On lui dira :

« La révolution de 1830 fut faite par le peuple et » pour le peuple. Votre avénement fut un acte de la » volonté populaire. Vous l'avez vu en traversant les » flots de citoyens qui vous attendaient devant l'Hôtel-» de-Ville, vous l'avez vu à la fête du 29, vous le voyez » tous les jours dans les cours de votre palais. Votre » âme, dans les épanchemens de ces grandes journées, » a exprimé les nobles sentimens qui l'animaient. Ces » sentimens ont eu de l'écho dans les nôtres. Vous sa-» vez mieux que nous que la sanction de ce qui fut fait » jusqu'à ce jour, c'est la solennelle reconnaissance de » nos droits. Eh bien! depuis quinze ans nous en sommes » dépouillés. A vingt ans, nous étions, comme votre » digne fils, capables de tous les actes de la vie poli-» tique ; on ne voulut nous en donner, à trente ans, que » la plus faible partie. On voulait une représentation » sans énergie, on la fixa à quarante ans. Ainsi nous » fûmes dépouillés de nos droits pendant toute la durée » de la vie active de l'homme : nous en réclamons au-» jourd'hui l'exercice. On voulut que la Chambre plé-» béienne représentât une aristocratie au petit pied, et » l'on établit le cens de l'éligibilité. Nous réclamons » aujourd'hui contre cette infraction au droit politique » des citoyens. On voulut restreindre encore ce simu-» lacre de droit : on établit le double vote. Nous de-» mandons l'abolition du double vote. »

Et si l'on ajoutait :

« Les Députés existent par un privilége, d'où vient
» qu'ils veulent le conserver ? » que répondriez-vous ?

Eh bien ! ce que nous vous disons ici, la France vous
le dira elle-même. La France sait qu'il n'y a de salut
pour elle que par les hommes nouveaux. Les réélections
vous les amèneront : ils vous laisseront en arrière. Les
hommes nouveaux vous étonneront par leur expérience
et leur vigueur, et il ne vous restera que le regret de
n'avoir pas su les apprécier, et de ne leur avoir pas ou-
vert vous-même cette lice brillante où votre ancienneté
vous donnait droit à leur respect.

CHARLES X ET NAPOLÉON.

Charles X rentré deux fois en France à l'aide de l'é-
tranger, l'avait rappelé une troisième fois par le traité
suivant :

*Traité entre l'ex-roi Charles X et S. M. l'Empereur
d'Autriche, concernant le duc de Reichtadt, fils de
Napoléon Bonaparte, et le duc de Bordeaux.*

Art. 1. Il y aura paix et alliance entre leurs majestés
apostolique et très-chrétienne.

2. S. M. Charles X s'engage, pour lui et ses succes-
seurs, à reconnaître le droit à la couronne de France

du duc de Reichtadt, dans le cas où le duc de Bordeaux viendrait à mourir sans postérité ; et ce , à l'exclusion perpétuelle des autres branches de la maison de Bourbon.

3. S. M. Charles X, ou son successeur, dès après le décès du roi de Sardaigne, actuellement régnant, garantira la succession de ce prince, c'est-à-dire la couronne de Sardaigne et de Piémont, à S. A. François IV, archiduc et duc de Modène, au détriment de Savoie-Carignan , qui recevra en indemnité une des îles de la Grèce.

4. S. M. T. C. paiera pendant vingt ans une somme de vingt millions à S. M. A., pour l'indemnité des pertes de guerre qui n'ont pas été réglées définitivement.

5. S. M. A. mettra à la disposition de S. M. T. C. une armée de 100,000 hommes qui débouchera en deux corps, soit par les bords du Rhin, soit par les Alpes , pour être employée, dans l'intérieur du royaume de France, à maintenir la paix et la tranquillité que les conspirateurs libéraux se préparent à troubler, en retour des mesures conservatoires que le gouvernement royal va prendre pour sa légitime défense.

6. Cette armée, entièrement soldée par la France , recevra le même traitement que les corps suisses au service de S. M. T. C.

7. Cette armée demeurera cinq ans en France. S. M. T. C. s'interdit la faculté de la renvoyer avant ce temps, et, pour gage de sa parole, remettra , aux divers chefs des troupes autrichiennes, le commandement des citadelles de Bayonne, Perpignan, Grenoble, Strasbourg, Lille et Besançon.

8. S. M. A. augmentera le nombre de troupes d'occupation amicale, si elle en est requise par S. M. T. C., et dans ce cas, ce surplus sera également payé selon qu'il a été réglé dans l'art. 6 du présent traité.

Napoléon expulsé deux fois du trône par les baïonnettes étrangères, avait fait mettre, sous le consulat, cette inscription prophétique sur le monument élevé à Henri IV, dans la plaine d'Ivry :

PREMIÈRE FACE.

AN 1803.

Napoléon Bonaparte, premier consul,
à la mémoire de Henri IV,
victorieux des ennemis de l'état, aux champs d'Ivry,
le 14 mars 1590.
Le roi se reposa en ce lieu après la victoire.

DEUXIÈME FACE.

Les grands hommes aiment la gloire de ceux qui leur ressemblent.

TROISIÈME FACE.

L'an XI de la république française,
le 7 brumaire,
Napoléon Bonaparte, premier consul,
après avoir parcouru cette plaine,

a ordonné la réédification du monument destiné
.à consacrer le souvenir de Henri IV
et de la victoire d'Ivry.

QUATRIÈME FACE.

Les malheurs éprouvés par la France
à l'époque de la bataille d'Ivry,
étaient le résultat de l'appel
fait par les différens partis français
aux nations espagnoles et anglaises.
Toute famille, tout parti qui appelle les puissances
étrangères à son secours,
a mérité et méritera, dans la postérité la plus reculée,
la malédiction du peuple français.

SOUVENIRS DE LA SOCIÉTÉ DE LA LIBERTÉ DE LA PRESSE, SOUS LE MINISTÈRE DE M. DECAZES.

Le duc de Broglie. — Le parti neutre. — Les doctrinaires. — Les hommes du lendemain.

A l'époque du système de bascule, établi par M. Decazes, il suffisait d'adopter franchement une opinion, d'arborer une couleur quelconque pour être suspect et bientôt criminel aux yeux du pouvoir. Il craignait également tous les partis, et ne voulait en adopter aucun : c'était la peur qui nous gouvernait. L'habileté que l'an-

cien chambellan de Madame Mère avait acquise au service d'une vieille femme, lui apprit à jouer le rôle de
favori sous un roi dont l'âge et le caractère exigeaient
de continuels ménagemens. Le ministre de la police
était devenu le chef de l'état. Doué de cette fidélité ba-
nale qui est la vertu des antichambres, et de cette
souplesse qui est propre à la servitude, il voulait fa-
çonner tout le monde à son image.

Ce système honteux d'incertitude et de peur conti-
nuelle avait gagné l'opposition elle-même. C'est alors
que fut fondée *la société de la liberté de la presse*; elle
se composa en grande majorité d'hommes qui désa-
vouaient la révolution, qui se faisaient gloire d'être
restés étrangers à tous les événemens, et qui voulaient
former *un parti neutre*.

Le héros de cette société était M. le duc de Broglie;
il n'avait jamais rien fait, il était pur de l'ancien régime,
pur de la république, pur de l'empire, sous lequel cependant il avait été auditeur et intendant en Espagne;
mais à cette pécadille près, on le trouvait bien préfé-
rable à M. de Lafayette, à M. Grégoire, à M. de La-
meth et à beaucoup d'autres qui avaient joué un rôle
trop important dans la révolution pour être à l'abri des
soupçons du *parti neutre*. On voulait des hommes qui
n'eussent jamais rien fait: eux seuls pouvaient offrir à
leurs pairs des garanties de capacité et de vertu.

*Placé à dix pas de Villèle et à quinze de Dargen-
son*, M. Decazes, par des concessions qu'il croyait faire
à propos, s'efforçait de s'attacher tour à tour le côté
droit et le côté gauche, cherchant à tromper tous les
partis, et n'en devant trouver, comme il arrive toujours,

aucun dans sa chute pour le soutenir. Dans un de ces jeux de bascule où le ministre dirigeant déployait toute son habileté, il avait conçu l'espoir de satisfaire le côté gauche par une loi sur la presse, sans trop alarmer le côté droit. Pour atteindre à un but aussi désirable dans son système, M. Decazes avait voulu que son projet fût présenté à la société de la liberté de la presse par M. de Broglie, dont il avait flatté l'ambition, et qui espérait, à l'instar des jeunes seigneurs anglais, arriver par l'opposition au ministère.

M. de Broglie fut donc mis en avant par M. Decazes pour soutenir son système de bascule et de nullité politique. Aristocrate par ses goûts et sa naissance, populaire par ambition, libéral à la manière de l'aristocratie anglaise, M. de Broglie était l'homme qu'il fallait pour réussir au milieu de cette anarchie d'amours-propres sans principes, en insurrection contre toutes les notabités nationales, et faisant de l'opposition pour arriver au pouvoir.

« *Il lit dur de Broglie!* » disait madame de Staël en parlant de son gendre, dont les idées, laborieusement acquises dans des livres, n'étaient qu'une contre-épreuve de celles de l'opposition anglaise à la chambre haute, et n'avaient rien qui sympathisât avec celles de cette femme célèbre, en qui tout était de jet et d'inspiration. Mais ce qui étonnera beaucoup ceux qui croient qu'il suffit de faire des phrases brillantes à la tribune pour être un homme d'état et pour faire de bonnes lois, le projet présenté par M. de Broglie était pitoyable. Un homme d'état doit embrasser non-seulement tout ce que la théorie offre de vrai, mais tout ce qui en rend l'application possible ; il doit avoir devant les yeux, non-seulement les intérêts présens du pays, mais ceux du passé et de l'avenir, et ce vaste ensemble de choses et de principes demande à la fois un esprit si juste et si étendu que tout le génie de Napoléon, de Penn, ou de Franklin, n'est que du simple bon sens en politique.

Il est plus facile d'être de l'opposition que du gouvernement. On peut donc, sans mettre M. de Broglie au-dessous d'une foule d'orateurs habitués à avoir des succès de tribune, dire qu'il a fait, comme bien d'autres, un mauvais projet de loi. Un seul mot suffira, aujourd'hui qu'une expérience de seize ans nous éclaire, pour prouver ce que le génie aurait dû révéler à un homme d'état : il n'y aura jamais de liberté de la presse tant que la profession d'imprimeur et celle de libraire ne seront pas libres, que leurs brevets seront *révocables à volonté*, et que la presse périodique sera soumise à des cautionnemens énormes, qui placent tous les journaux dans la main de quelques spéculateurs, et qui en font de véritables entreprises *commerciales*.

Ce projet, présenté par un homme sans génie, fut acceuilli unanimement par des hommes sans expérience.

M. Decazes triompha dans cette occasion, comme dans beaucoup d'autres, à l'aide de la présomption et de la nullité qui portaient une foule d'hommes à se ratacher à son système de bascule *.

Une grande erreur dominait toutes les pensées à cette

---

* On prétend qu'aujourd'hui M. Decazes est franchement libéral ; cela peut être, et prouverait jusqu'à un certain point la bonté de nos institutions, qui veulent qu'on perde dans la pairie les habitudes des anti-chambres.

époque : on ne voulait accepter la révolution que sous
bénéfice d'inventaire. Le plus grand nombre des libéraux prenaient pour leur compte la gloire de Rousseau,
de Voltaire, de l'assemblée constituante et celle de nos
armées sous la république et sous l'empire, mais ils ne
voulaient encourir aucune autre responsabilité. Ils ne
s'apercevaient pas qu'en désavouant la révolution ils
commettaient une faute aussi grande qu'auraient pu faire
les Bourbons en désavouant la Vendée. Un pareil désa-
veu était une lâcheté, et jamais une lâcheté n'a servi
à désarmer un ennemi ; aussi les adversaires de la révolution ont toujours fait retomber sur ceux qui voulaient en profiter, en la désavouant, le mépris qu'ils
deversaient si lâchement sur ceux qui l'avaient faite.

Les anciens flétrissaient avec raison quiconque ne
prenait point parti dans une guerre civile ; chez nous
c'est tout le contraire. Les *neutres*, arrivant sans cesse
après la victoire, forcent toujours le vainqueur à aban-
donner les siens, et parviennent constamment à flétrir
toutes les opinions courageuses.

Il est à remarquer que les hommes de la révolution
ont été blâmés avec plus d'amertume par ceux qui n'y
ont point pris part que par ceux qui ont trouvé dans
ces mêmes hommes une résistance invincible. Cette
ignoble réaction, exercée par la peur et la nullité contre
le mérite et le courage, faisait toute la force de M. Decazes. Le signal en fut donné par M. de L*** qui, le
jour même de l'entrée des alliés à Paris, fit insérer dans
les journaux une diatribe infâme contre Napoléon ; il se
présenta le soir même chez madame de Staël, espérant
sans doute recevoir des éloges de cette femme célèbre :

« Ah! Monsieur, s'écria-t-elle, je ne vous aurais jamais cru capable d'une pareille action!...... »

Les libéraux qui sont entrés dans le système de bascule de M. Decazes formaient deux classes différentes : la première était animée de cette présomption qui porte ceux qui n'ont jamais rien fait à se croire infaillibles, et à blâmer les hommes qui, en agissant, ont nécessairement commis quelques fautes. Ils ne pouvaient se mettre ni à la place des défenseurs de la cause populaire, qui ont dû déployer la plus grande énergie et la plus grande habileté pour arriver à des résultats prodigieux, ni à la place des hommes de l'ancien régime, qui ont dû opposer la plus grande résistance à des innovations qui les privaient de tout ce qui fait ordinairement l'objet de l'ambition des hommes, le pouvoir, la fortune, les honneurs et les priviléges. Eux qu'on n'a jamais vus faire à la cause qu'ils défendent le sacrifice d'un seul titre ou d'un seul ruban, ils trouvent fort juste que l'ancienne noblesse ait été dépouillée de toutes ses prérogatives, et ils croient qu'il n'a fallu aucun courage ni aucun talent pour soutenir pendant trente ans la guerre contre toute l'Europe monarchique et féodale.

A côté des hommes qui n'avaient jamais rien fait, s'en trouvaient d'autres qui avaient pris part à la révolution, mais toujours à contre-sens, et pour en contrarier la marche, à qui leur amour-propre avait persuadé qu'ils étaient seuls capables de gouverner la France, et que ceux qui l'avaient sauvée s'y étaient mal pris ; qui voulaient combattre les préjugés à l'aide des prêtres et des nobles sous la république, et qui, après sa chute et la corruption du directoire, condamnaient la dictature

militaire; et prétendaient qu'un système légal, soutenu
par nos vertus républicaines, suffisait pour comprimer
la contre-révolution et assurer notre indépendance ex-
térieure. A ces deux classes de libéraux, il faut ajouter
celle de quelques *doctrinaires*, qui, n'étant jamais des-
cendus des sublimités de leurs théories, étaient ingrats
de bonne foi, et se mettaient sans façon au dessus de Bonaparte, qu'ils accusaient de despotisme, et des républicains qu'ils accusaient de démagogie.

Mais, n'en déplaise à tous ces messieurs, qui blâment
la révolution à cause de ses excès, elle offre autre chose
que des crimes et des fautes. Au dessus des Tallien, des
Barras, et de tous ceux qui avaient renversé le clergé et
la noblesse, pour se mettre à leur place et s'enrichir de
leurs dépouilles, il y avait des hommes qui n'étaient à
acheter à aucun prix, et qui ont exercé la dictature dans
l'intérêt du peuple. Là étaient la vertu, le courage et le
talent. Ils n'étaient point inhabiles et incapables, comme
on s'est plu à les représenter, les hommes, qui, environnés d'une foule d'ennemis extérieurs et intérieurs,
ont soutenu le choc de toute l'Europe, ont repoussé à
eux seuls la ligue des rois et ont triomphé de la guerre
civile et de la guerre étrangère. Ils n'étaient point corrompus, et aux gages de l'étranger, ceux aux pieds de
qui sont venus se briser tous les efforts de la coalition,
qui ont organisé et dirigé quatorze armées à la fois, et
qui ont répandu dans toute l'Europe les idées libérales;
à moins qu'on ne suppose que les alliés se soient fait repousser de notre territoire, nous aient laissé faire des
conquêtes, et se soient fait battre à plaisir. Cette supposition, nécessairement liée à celle que les principaux

chefs de la république étaient vendus, est aussi absurde que celle qui tendrait à faire considérer Charette, Stofflet et Larochejaquelein comme gagés par la Convention, pour entretenir la guerre civile.

Il est temps de faire justice de pareilles absurdités, enfantées par *les neutres*, à chaque révolution, pour s'emparer du pouvoir. Incapables de dévouement, ils jugent des autres par eux-mêmes ; ils ont besoin de croire et de persuader au public, dont ils exploitent la crédulité, que leur prétendue *modération* est le seul titre légitime pour occuper toutes les places, et que tous ceux qui ont pris part au danger n'ont eu d'autre mobile de conduite que l'égoïsme et *la morale des intérêts*. En les accusant, ils se justifient.

Tels ont toujours été *les hommes du lendemain*.

Ceux qui veulent se laver les mains de la révolution n'ont cessé de répéter que *l'honneur français s'était réfugié sous les drapeaux de la république* ; ce qui, en d'autres termes, veut dire que *tous les chefs civils étaient méprisables et corrompus*. Conformément à ce principe, la Société de la liberté de la presse, du temps de M. Decazes, condamna tout d'une voix un mémoire envoyé à Paris par les membres de nos premières assemblées nationales, exilés en violation de la Charte. Ce mémoire avait été délibéré entre eux, et était écrit avec une extrême sagesse par un jurisconsulte célèbre, dont la patrie reconnaissante inscrira un jour le nom sur la colonne qu'elle doit élever aux auteurs du Code civil : il fut imprimé par MM. Reynaud et Chevalier, qui avaient déjà subi une condamnation, et à qui le ministre allait faire appliquer la loi *de la récidive*, saisissant avec empressement cette occasion de satisfaire une vengeance particulière. Un député du côté gauche, que l'on priait de s'intéresser à MM. Chevalier et Reynaud, répondit : « *J'en suis bien fâché ; mais pourquoi se faire des ennemis !.....* » Tel homme qui ne voulait pas se compromettre en 1817, est devenu depuis l'objet de la haine générale du parti opposé. On voit que la prudence de l'égoïsme ne mène pas bien loin en révolution, et que celui qui croyait pouvoir faire son chemin sans froisser personne, finit souvent par être obligé de devenir un héros malgré lui. Mais la majorité de la Société de la liberté de la presse se joignit alors aux ministres pour faire inscrire sur les portes de l'exil, comme sur celles de l'enfer, le mot JAMAIS ! On jugea qu'un Mémoire en faveur des Merlin, des Syeyès, des Berlier, des David, des Carnot, était intempestif..... Il fallait sans doute, pour faire révoquer cette mesure violatrice de la Charte, attendre que toutes les victimes qu'elle frappait fussent descendues dans la tombe ! On craignait de refroidir les bonnes dispositions de M. Decazes ! comme si les concessions faites par les libéraux de cette époque, aux dépends des hommes illustres dont la France s'honore, pouvaient les faire respecter de leurs adversaires, ainsi que des ministres, qui ne marchent que par la peur !

« La Charte a fait la loi entre la nation et le prince, disait à cette époque, dans la Bibliothèque historique *, un écrivain qui ne craignait pas d'avouer la révolution : elle protége toutes les classes ; méconnaî-

---

* Page 158 du 12e volume de la *Bibliothèque historique*.

tre les titres et les garanties d'une seule, c'est les me-
nacer toutes. »

En vain offrirait-on aux acquéreurs de domaines nationaux d'autres garanties que celles qui sont dans la
Charte. Les *votans* aussi avaient une garantie autre que
celle de l'article II; n'avaient-ils pas une garantie sacrée dans le testament de Louis XVI? En ordonnant la
commémoration du 21 janvier, le roi commanda aux
prêtres de faire la lecture de ce testament. Mais quels
sentimens cette lecture a-t-elle inspirés au clergé et à
la noblesse? Ont-ils été plus tolérans pour ceux qu'ils
regardaient comme leurs spoliateurs que pour les juges
de Louis XVI? Malgré l'article de la Charte qui
commande l'oubli des votes, le clergé a-t-il gardé le
silence en chaire? s'est-il tu au tribunal de la péni-
tence? S'est-il tu auprès du lit des mourans? A-t-il
fait taire les hommes chargés de propager en tous lieux
des doctrines subversives de la Charte? Et quand même
les prêtres auraient gardé le silence en public, comme
les nobles, une fois qu'ils auraient été inscrits sur le
grand livre, ce silence n'aurait-il pas été un anathème
moral? Suffisant pour ne point troubler les acquéreurs
dans leur possession matérielle, aurait-il été propre à
leur faire obtenir, de la bienveillance du gouvernement,
les plus simples emplois, les plus minces faveurs? Ils
n'avaient pas versé le sang, comme les régicides; mais
on leur aurait fait restituer *le prix du sang!*.... Ils sont
donc aussi intéressés que *les votans* à réclamer l'exécution de la Charte.

Tous les hommes qui ont fait la révolution, ou qui
en ont profité, *sont solidaires.*

Notre salut à tous est dans la Charte : si elle est violée, le fils d'un acquéreur de biens nationaux aura peut-être à rougir un jour de son père, comme celui *d'un votant*. Le système *du culpabilité* n'a été adopté par les classes privilégiées que pour en avoir un système complet de *restitution*.

C'est en conséquence de ce système qu'on a laissé chasser de la chambre élective un vieillard [*] dont les cheveux blancs n'avaient jamais été souillés par aucune lâcheté, aucune concession !

Je n'oublierai jamais les paroles de cet homme vertueux, chez qui je me trouvais au moment où l'on agitait à son égard la question *d'indignité*. « Ce n'est point » le déchaînement de mes ennemis qui m'afflige, disait-il; » ils sont conséquens avec eux-mêmes : je rougirais de » mériter leur approbation; mais je n'ai pu supporter » sans la plus grande douleur l'abandon du côté gau- » che, et l'obsession à laquelle j'ai été en butte de la » part d'hommes qui veulent m'obliger à faire une » chose honteuse [**], prétendant que, si j'y consentais, » les ministres seraient disposés à faire des concessions » importantes. On a eu tort de me mettre en avant pour » exiger de moi ma démission. Je n'ai point sollicité le » titre de député; mais le côté droit, la majorité, la » chambre tout entière me déclarerait *indigne*, que je » ne souscrirais pas moi-même à un pareil arrêt. »

M. Grégoire, fidèle à ses principes, à ses antécédens, à lui-même, fut le seul homme qui montra de

[*] M. Grégoire.

[**] Il citait particulièrement le duc de B.....e. A cette époque M. Grégoire n'eut pour lui que M. Dargenson et M. Dupont de l'Eure.

la dignité dans cette circonstance. C'est à force de transiger avec les principes que les libéraux ont fini par compromettre tous les résultats de la révolution. La Charte commandait *l'oubli du passé*, elle avait fait loi entre les partis. *On ne peut posséder tranquillement ce qu'on a acquis d'une manière illégitime.* Non-seulement la Charte a été attaquée par ses ennemis, mais elle a été abandonnée par ses prétendus défenseurs : ils ont oublié que les hommes que l'on traitait *de régicides* avaient stipulé cette même Charte pour la nation en 1814, et que leurs paroles avaient été appuyées par Napoléon et quatre-vingt mille hommes armés.

RENIER SES AUTEURS ET DÉSAVOUER SON ORIGINE, C'EST REMETTRE TOUS SES TITRES EN QUESTION.

___

QUAND LE PARTI NEUTRE PERMETTRA-T-IL A LA NATION DE RÉPARER UNE GRANDE INJUSTICE?

___

LES honorables bannis par la loi d'amnistie, avant de quitter la terre étrangère, ont cru devoir publier l'éloquent plaidoyer dont ils appuyèrent leur protestation contre la violation de l'art. 11 de la Charte à leur égard; c'est le même écrit, qui, confié dans le temps à la courageuse et noble

indépendance des auteurs de la *Bibliothèque his-*
torique, parut sous le titre de *Supplément* à ce
recueil, et fut enlevé violemment chez l'imprimeur
Hocquet par les soins réunis de la police et de la
justice.

Des mandats d'arrêt furent exécutés sur-le-
champ avec toutes les rigueurs d'un zèle ardent
contre MM. Reynaud et Chevalier, alors en appel
d'un jugement, qui, à l'aide de la formule *défaut*
de preuve légale, déclarait calomnieuse la publi-
cation d'actes et jugemens publics consignés dans
les registres et greffes des autorités administratives
et judiciaires *.

Le scandale de cette poursuite souleva d'indignation les Manuel, Mauguin, Barthe, Mérilhou, Odil-
lon-Barrot, Lacretelle jeune, Béranger **. Tous leur
offrirent leur appui dans cette cause où le ministère public, privé de tout moyen de constater le
publicité d'un ouvrage dont tous les exemplaires
avaient été soigneusement saisis et numérotés, osa
soutenir que le dépôt d'un manuscrit, même en
confiance, suffisait pour donner lieu à l'application
de la loi de 1813.

Le maximum des peines fut requis contre

---

* Les massacres de Nîmes, les exécutions prevôtales, le cheval cosa-
que, les canards, les filles publiques de Dijon, les décroteurs de Lyon,
la permission de boire, manger et prendre son café sans payer, et cent
autres actes d'un pouvoir aussi stupide qu'atroce.

** Le poète national.

MM. Reynaud et Chevalier. Cinq années de détention, quarante mille francs d'amende, le bannissement après l'expiration du jugement, parurent
un acte de clémence envers des écrivains signalés
comme coupables du crime de lèze-majesté. Toutefois, la pudeur publique modéra les rigueurs du
ministère, et le tribunal réduisit la détention à
dix mois et maintint l'amende.

Le temps a marché pour tout le monde. Les pré-
visions des âmes généreuses, quoique méconnues
et peut-être oubliées aujourd'hui, se sont réali-
sées par le peuple dans la grande semaine de juillet.
Les *répugnances* exprimées par MANUEL restent un
motif d'*indignité* pour ceux qui s'en servirent pour
priver le peuple de son tribun; et les *incompati-
bilités* entre la nation et la famille déchue si constamment professées par les auteurs de la *Bibliothèque historique* et du *Censeur*, sanctionnées
avant le temps par le savant jurisconsulte Berlier
dans son éloquent dialogue, sont aujourd'hui le
jugement de la France, et seront bientôt celui de
toute l'Europe.

Nous espérons que la chambre des pairs, appe-
lée à sanctionner un grand acte de justice nationale, ne renverra pas les illustres bannis à se pourvoir en grâce auprès du roi des Français.

DIALOGUE

ENTRE DEUX DÉPUTÉS, L'UN EX-MEMBRE DE LA CHAMBRE DE 1815,
RÉÉLU ; ET L'AUTRE DÉPUTÉ DE 1817 ;

SUR DIVERSES QUESTIONS POLITIQUES, ET NOTAMMENT SUR CELLE RELATIVE AU RAPPEL DES BANNIS *.

> La raison finit toujours par avoir raison.
> MIRABEAU.

Le député de 1815 **. —Eh bien! mon cher collègue, que dites-vous de notre dernière session ? il me semble que nous n'avons pas arboré les couleurs de l'*ultrà-royalisme*, que notre marche a été sage et mérite l'approbation de ceux qui ne veulent ni trop ni trop peu.

Le député de 1817. —Je reconnais qu'il y a eu sur *la liberté de la presse* de fort bons discours, dont il n'est malheureusement résulté aucuns changemens dans la législation qui enchaîne les écrivains ; sur *l'organisation militaire*, des aperçus fort patriotiques qui n'ont malheureusement servi jusqu'à présent, ni à repeupler l'armée de ceux qui en firent la gloire, ni même à faire congédier les Suisses. Sur ces deux objets du moins notre chambre a fait ce qu'elle a pu. Je voudrais pouvoir en dire autant du *Budget* ; mais sa discussion ne saurait

---

* Cet entretien eut lieu vers la fin du mois de juin 1818; l'on en a conservé le fond et même les expressions, autant que la mémoire a pu les retenir.

** Faisant partie de la chambre de 1817.

consoler de ses résultats, car cette discussion n'a fait que montrer le mal sans indiquer l'unique remède, *les économies* : il en fallait beaucoup pour couvrir d'énormes charges, mais nous avons trop craint de blesser ceux qui vivent d'abus, et le nombre en est grand en France.

Le député de 1815. — Vous parlez avec humeur : à vous entendre tout irait fort mal.

Le député de 1817. — N'exagérez pas ma pensée : je dis seulement que tout ne va pas bien encore. Cependant quelques voix généreuses se sont fait entendre à notre tribune, les accens de la réaction s'y sont affaiblis; *on a osé y invoquer les principes*, et j'espère qu'ils finiront par triompher.

Le député de 1815. — Mais ces principes dont vous avez toujours le mot à la bouche, n'en voyez-vous donc l'application que dans l'avenir ? la paix du présent est-elle nulle, et les Cours prevôtales ne sont-elles pas abolies ?

Le député de 1817. — Oui, sans que nous puissions nous glorifier de cette abolition, qui n'a pas été notre ouvrage; mais seulement celui du temps marqué comme *terme de l'institution* : du moins n'a-t-on pas osé en provoquer le renouvellement: l'esprit public s'y opposait, et je lui rends hommage de cette amélioration opérée d'une *manière passive;* mais combien d'autres mesures, dictées par le plus funeste esprit de réaction, n'avons-nous pas à attaquer d'une manière plus directe, parce qu'elles ne sont pas simplement *temporaires*, et que notre silence les maintiendrait au lieu de les détruire !

Le député de 1815. — Je pressens de quelles lois vous voulez parler; mais n'est-ce pas à elles qu'est dû le repas dont nous jouissons? Je hais par caractère les mesures extrêmes; je ne les ai votées qu'en les croyant utiles, et je les croirai telles, tant que la haute sagesse du Roi et de ses ministres n'en aura pas porté un autre jugement.

Le député de 1817. — Mon collègue, ne mêlons pas le nom du Roi à nos discussions, du moins autant que nous pourrons nous en dispnoser. A l'égard de ses ministres, désirons qu'ils fassent le bien, et attendons pour les louer qu'ils l'aient fait. Quant au repos dont vous vous flattez, n'allez point prendre l'ombre pour la réalité; il n'y a pas de repos solide et durable dans un état où il existe des lois contre lesquelles réclame l'opinion publique.

Le député de 1815. — Quelle balance, s'il vous plaît, avez-vous pour peser l'opinion de la majorité et pour vous l'attribuer?

Le député de 1817. — *La nature même des choses,* voilà ma balance; on ne peut aimer ni l'arbitraire exercé sur la pensée et les écrits, ni les proscriptions, surtout quand elles sont trop prolongées; le caractère français.... s'en indigne, et beaucoup d'opprimés de ces derniers temps sont principalement redevables à leur oppression même, de l'intérêt qu'ils inspirent.

Le député de 1815. — Mais quels sont donc ces opprimés?

Le député de 1817. — Je pourrais citer d'abord les écrivains politiques que la censure préalable ne garantit pas toujours des *poursuites et des condamnations judiciaires;* je pourrais parler de ces milliers de procès ridiculement intentés pour de misérables propos *prétendus séditieux*; je pourrais, en descendant aux actes des préfets et des maires, petits souverains ou se regardant comme tels dans leurs ressorts, citer un grand nombre de coups d'autorité, qui, portés par ces messieurs, en 1815 et 1816, ne sont pas encore tous réparés en 1818; mais je réserve ces détails, et les questions qui s'y rattachent, pour une autre conversation, et je me bornerai aujourd'hui à parler des opprimés absens du royaume, par suite de la fameuse loi du 12 janvier 1816, c'est-à-dire, *des fugitifs et des exilés*.

Le député de 1815. — Eh quoi ! vous prendriez leur défense, sans faire d'exception pour aucun ?

Le député de 1817. — J'excepterai, si vous le voulez, la famille de *Napoléon*, bien qu'au delà de sa personne, détenue sur le rocher de Ste-Hélène, et de celle de son fils, qui vraisemblablement ne quitterait pas la cour de son grand-père pour rentrer seul en France, je ne vois plus aucun membre de cette famille qui puisse faire ombrage à la dynastie restaurée; peut-être y eût-il eu pour les *Bourbons* plus de dignité à ne pas manifester une crainte supérieure au péril, quand d'ailleurs il était assez présumable que les frères et autres parens de *Bonaparte*, même avec le droit de résider en France, n'en eussent point usé. Mais puisque cette faculté leur a été ôtée, je ne demande pas qu'on la leur rende.

Le député de 1815. — Sérieusement, est-ce à ce point que vous bornez vos concessions, et pourriez-vous voir sans inquiétude la rentrée en masse de tous les Français que la loi a placés hors de l'amnistie ?

Le député de 1817. — Oui assurément, et je n'y verrais pas seulement un sujet de joie pour la grande famille, aujourd'hui mutilée, qui recouvrerait tous ses membres, mais encore d'inappréciables avantages pour le gouvernement même qui ne peut être solidement assis, ni surtout faire croire qu'il le soit, tant que dureront les procriptions : entrons dans les détails.

Avant de parler des *vrais exilés*, occupons-nous un moment de ces milliers d'hommes contre lesquels, avant la promulgation de la loi du 12 janvier 1816, il existait des *condamnations*, ou seulement des *poursuites judiciaires, pour faits relatifs à la rentrée de Bonaparte*; vous n'avez probablement pas oublié l'extrême activité avec laquelle se firent durant plusieurs mois ces poursuites commandées, même à l'aide du télégraphe, et dirigées de telle sorte qu'il ne restât plus de victimes à désigner quand la barrière serait posée. Beaucoup de ces victimes ont échappé à leurs bourreaux, et se sont imposé elles-mêmes un exil volontaire qu'elles ont préféré à une mort presque certaine. Que voulez-vous qu'on fasse de tous ces fugitifs? presque tous (en supposant vraies les accusations portées contre eux), agens subalternes des mouvemens de 1815; je dis *agens subalternes*, puisqu'à un très-petit nombre près, on ne les avait pas jugés dignes de figurer dans ces ordonnances royales, et j'ajoute : presque tous *entraînés et séduits* par l'ascendant d'un nom devant lequel l'Europe s'était inclinée pendant plus de dix ans? Obligera-t-on ces fugitifs, s'ils désirent revoir leur patrie, à se représenter devant des tribunaux qui, souvent, d'après la qualité des personnes, seront des conseils de guerre? Espère-t-on qu'ils mettront leurs jours à la merci des passions de leurs ennemis? Ah! quelle amnistie était-ce que celle qui, après avoir épuisé et excepté du pardon toutes les indications fournies par la fureur et par la haine, prononçait ce terrible arrêt : « *Toutes les condamnations portées jusqu'à ce jour, recevront leur exécution, toutes les poursuites commencées seront continuées.* » Voilà pourtant, mon collègue, l'œuvre, à laquelle on vous a fait concourir!!! Pouvait-on insulter plus audacieusement à la raison du dix-neuvième siècle? Espérait-on que l'acception du mot *amnistie* fût oubliée! et n'était-ce pas unir la dérision à la cruauté, que de décorer de ce nom respectable une loi de vengeance et de proscription? *ce mot* profané en 1816, il faut, en le ramenant à sa pureté primitive, le faire aujourd'hui accorder avec la chose qu'il exprime, et réconcilier le gouvernement avec des milliers de familles trop long-temps désolées.

Le député de 1815. — Vous peignez de couleurs bien noires une loi que je soutiens avoir été fort utile au temps où elle fut rendue; la révolte était récente, ses partisans étaient nombreux, et ceux-ci méditaient encore de nouveaux mouvemens qui même ont éclaté depuis.

Le député de 1817. — Qui pourrait vous assurer que ces mouvemens ne furent pas le résultat même de la rigueur et l'effet de l'irritation causée par de funestes mesures regardées alors comme les avant-coureurs de la plus complète contre-révolution! Votre moyen justificatif est donc au moins très-équivoque; mais ce qui ne l'est pas, c'est le besoin de mettre un terme aux vengeances, fussent-elles même légitimes.

Le député de 1815. — Je ne suis point ennemi de l'indulgence appliquée aux masses, et aux hommes obscurs, surtout quand le danger est passé; je ne suis même pas éloigné de confondre dans ces masses les agens civils et militaires de grades déjà élevés, pourvu qu'ils ne soient pas *des chefs du premier rang*; on est quelquefois obligé d'oublier les torts de la multitude : toutefois, je vous demanderai si votre proposition s'étend jusqu'aux prévenus de conspiration, désignés par l'article premier de l'ordonnance du 24 juillet 1815.

Le député de 1817. — Pourquoi non, s'ils ne sont pas aujourd'hui plus dangereux que les autres! *Drouot et Cambrone*, miraculeusement absous et rendus à la société, la troublent-ils en la moindre chose? Douze ou quinze de leurs compagnons d'infortune et de gloire la troubleraient-ils davantage? Si les portes de la Patrie se rouvraient pour Bertrand, par exemple, ce modèle de dévouement à un chef malheureux, quel mal y verriez-vous? et si cet homme d'honneur acceptait votre bienfait, le croiriez-vous capable d'en abuser?

Le député de 1815. —Je n'ai sur ces hommes, que je ne connais pas, d'autre opinion, sinon qu'ils étaient trop sincèrement attachés à l'usurpateur, pour aimer jamais *Louis XVIII.*

Le député de 1817. — Cela peut être : mais il n'est pas ici question de ce sentiment intime, de ce lien des cœurs sur lequel la société n'a le droit d'interroger personne; elle se contente *de la soumission au gouvernement établi* : c'est à celui-ci à obtenir l'amour, par sa bonne conduite; et cette conquête est d'autant plus belle, qu'elle n'est pas inhérente aux droits de la couronne.

Le député de 1815. — Vous demandez donc que

l'amnistie s'étende à tous ceux qui avaient été mis en jugement ? cela me paraît un peu fort.

Le député de 1817. — Cela n'est que juste, et surtout politique ; une telle mesure coïnciderait bien, selon moi, avec quelque grande et heureuse époque, telle que celle de *l'évacuation de notre territoire* ; à la même époque les prisons devraient s'ouvrir pour rendre à leurs familles les hommes détenus en France pour faits de même nature ; le jour du départ des étrangers deviendrait aussi le jour de la réunion des Français, et une nouvelle ère ne saurait commencer sous de meilleurs auspices.

Mais parlons maintenant des *exilés*, de ceux-là (s'entend) qui l'ont été par des actes étrangers aux tribunaux, ou en d'autres termes, par la loi du 12 janvier 1816, et *sans forme de procès*.

Remarquons bien d'abord que, n'étant plus question de bannissemens judiciaires appliqués par les organes ordinaires de la justice, mais *d'exclusions du territoire* ou *d'exils* prononcés par une loi, ce n'est plus *d'amnistie* qu'il doit s'agir, et encore moins de *grâce* que ces exilés ne demandent pas, mais de *justice* et du rapport de la loi même.

Le député de 1815. — Eh quoi ! il faudrait rapporter la loi !!!

Le député de 1817. — Oui, et je vais le prouver : je commence par distinguer ces exilés en deux classes : dans la première, je placerai ceux qu'on appelle les *trente-huit*, et les votans dans la deuxième ; cette distinction est tracée par la loi même.

Quant aux trente-huit, voyons ce qu'il a été fait à

leur égard par l'article 2 des ordonnances de juillet,
par la loi de janvier, et depuis.

Le député de 1815. — Je sais que les chambres dé-
signées par l'ordonnance de juillet, pour prendre con-
naissance de la conduite de ces prévenus, et pour les
juger, ont préféré de les renvoyer au gouvernement,
en lui laissant la faculté de *les faire juger*, de *les ab-
soudre*, ou de les *exiler*.

Le député de 1817. — Et il n'y a rien qui vous choque
dans cette monstrueuse attribution !

Le député de 1815. — Mais le gouvernement avait
plus de moyens que les chambres, pour connaître les
faits et prendre un parti.

Le député de 1817. — Croyez-vous avoir par ce mot
répondu à tout ? Vous en êtes bien loin. Ce gouvernement que vous avez constitué, l'arbitre suprême de la
destinée de trente-huit citoyens, n'avait pas ce droit par
lui-même, puisqu'il a fallu que vous l'en investissiez ;
mais l'aviez-vous vous-même, et peut-on déléguer un
droit qu'on n'a pas ? Le pouviez-vous surtout sans reculer
d'effroi, quand cette délégation (dont on n'a que trop
usé) s'étendait jusqu'à *prononcer l'exil sans jugement et
sans motifs ?*

Le député de 1815. — Comment se fait-il que vous
réclamiez pour quelques hommes le bénéfice des jugemens par les tribunaux, tandis que tout-à-l'heure vous
blâmiez les poursuites introduites en justice contre tant
d'autres prévenus ? Soyez donc d'accord avec vous-
même.

Le député de 1817. — Tout ce que j'ai dit se con-
cilie facilement ; j'ai blâmé des procès impolitiques par

leur nombre, comme par leur nature, mais je blâme
encore plus des *exils sans jugement*, car le comble du
mal est là, il n'y a plus en effet de liberté individuelle,
ni de sûreté là où chaque autorité n'est pas justement
circonscrite ni chaque pouvoir à sa place. Quelque
intérêt que puissent mériter trente-huit citoyens illéga-
lement exilés, ils peseraient peu dans une masse de
25 millions d'hommes, si l'on ne les considérait qu'iso-
lément et pour la place qu'ils y occupent avec leurs familles ; mais la société est blessée au cœur quand chacun
peut se dire : « ce qui a été fait hier à un tel, on peut
» me le faire demain, si je déplais à l'autorité qui ne
» manquera pas de prétextes pour m'atteindre. » Voilà
le mal que fait l'arbitraire à la société, mais il n'en fait
pas moins à ceux qui l'emploient en éloignant d'eux la
confiance et l'affection des citoyens.

Le député de 1815.—Sans doute les mesures *extraordinaires* indiquent par leur nom seul qu'il ne faut y recourir qu'en cas de besoin ; mais ce besoin n'a-t-il pas
existé ici, et croyez-vous d'ailleurs que les trente-huit
eussent beaucoup gagné à être envoyés devant les tribunaux ? Quant à moi je déclare qu'en les assimilant aux
prévenus désignés dans l'article 1ᵉʳ de l'ordonnance, et
en les soumettant aux chances judiciaires, j'aurais cru
leur sort beaucoup plus compromis que par une mesure dont le pire résultat était *l'exil.*

Le député de 1817. — Je vous crois, mon collègue ;
l'esprit réactionnaire de ce temps était peu propre à
inspirer de confiance dans les organes de la justice ; il
y aurait eu peut-être pour les prévenus plus de danger
que d'espoir en se présentant devant elle ; mais le calcul

des chances leur appartenait plus qu'à vous, c'était
leur propre affaire, et leur incontestable droit : d'ailleurs, si certains jugemens ont été d'une grande sévérité,
quelques absolutions aussi ont été prononcées dans ces
temps malheureux; j'en ai cité deux notables : ces exemples pouvaient rendre l'espoir à beaucoup de prévenus,
et l'avaient rendu sans doute à *Bory-Saint-Vincent*,
(l'un des trente-huit) quand il vint à notre dernière
session, demander des juges. Sa pétition n'a pas été
accueillie cette fois; mais que répondrons-nous chaque
année, chaque jour à ceux qui viendront nous dire :
« Vous avez autorisé notre exil, *sans forme de procès*,
» nous réclamons des juges et l'honneur de nous justi-
» fier ou de mourir. » Il faudra bien nous rendre à l'évi-
dence de leur droit, où, frappés par *opinion publique*,
descendre nous-mêmes de nos bancs pour répondre à
cette reine du monde. Prévenons ses arrêts, non en
renvoyant ces exilés devant les juges qu'ils demandent,
mais en les rendant à la société qui les réclame.

Le député de 1815. — Si ce but est bon, il y a, ce
me semble, plusieurs moyens de l'atteindre; et le plus
convenable, selon moi, est de laisser au Gouvernement, qui est juste, le soin de rappeler ceux des trente-
huit qui lui sembleront dignes de cette faveur; il suffi-
rait d'en parler aux ministres.

Le député de 1817. — Je ne saurais admettre cet
expédient, ni me contenter de grâces individuelles,
quand il s'agit de justice due à tous; d'ailleurs, qu'est-
ce que cette faculté de rappeler, si ce n'est aussi celle
de ne rappeler pas? Le Roi pouvait, selon votre loi,
faire des exceptions, et il n'en a fait aucune; en fît-il

aujourd'hui, je ne verrais encore dans l'exercice de sa
volonté, quelque élevée et respectable qu'elle soit, que
le bon plaisir d'un maître, appliqué arbitrairement;
en un mot, une loi a fait le mal; c'est à nous à en provoquer une qui le répare, autant qu'il est possible de le
réparer, car il ne dépend pas de nous de faire disparaître tous les dommages causés par une expatriation
de près de trois ans.

Le député de 1815. — J'avoue que cette expatriation, bien que justement prononcée, selon moi, a déjà
satisfait, par sa durée, à la vindicte publique, et que
l'exemple qu'elle a donné, utile dans son principe, ne
l'est plus autant aujourd'hui. Cette double considération
fait que je me rapproche assez de votre avis: je ne veux
d'ailleurs personnellement aucun mal aux hommes que
vous venez de défendre, je sais que beaucoup d'entre
eux ont des talens propres à honorer leur patrie; je désire seulement qu'ils n'y rapportent pas de funestes ressentimens.

Le député de 1817. — *Des ressentimens!* Ne se-
raient-ils pas aussi impuissans qu'insensés? Du reste,
il me serait facile de réfuter la justification que vous
avez entreprise du passé, peut-être l'ai-je fait d'avance;
je consens toutefois à oublier le *passé* qui ne nous appartient plus, pourvu que nous améliorions *le présent*,
et que la justice rénaisse; il me reste encore à la réclamer
pour les hommes qu'a frappés l'art. 7 de votre loi du
12 janvier.

Le député de 1815. — Eh quoi! vous pourriez être
l'avocat et le défenseur des misérables qui ont condamné
Louis XVI!

Le député de 1817. — Pourquoi ne le serais-je point ? et d'où vient votre mépris pour des citoyens qui, élus au plus fort de la crise révolutionnaire, et investis par la nation, des pouvoirs les plus illimités qui pussent émaner des hommes, n'avaient pas en même temps reçu du ciel cette puissance surnaturelle SEULE capable alors d'arrêter ou modérer le torrent ? Atteints eux-mêmes sur leurs chaises curules, et décimés au fort de la mêlée, ils ont du moins aidé à conserver le territoire, et environnés d'obstacles de tous genres, ils sont parvenus à donner à la France une attitude qui la fit respecter : n'aurions-nous donc de la mémoire que pour le mal ? et si nous reportons nos regards sur ces mêmes hommes dessaisis du pouvoir absolu, qu'ont-ils fait ? Le plus grand nombre a vécu avec honneur dans les fonctions publiques, ou sans reproche dans la condition privée ; je n'ai point courtisé les premiers quand ils étaient puissans, je les défends tous quand ils sont malheureux et persécutés.

Le député de 1815. — Mais ce sont des *régicides*, et les *Bourbons* sont replacés sur le trône....

Le député de 1817. — Des *régicides !* je vous arrête sur ce mot ; il pourrait convenir au Suédois *Ancastrous*, mais nos dictionnaires ne m'ont pas appris que les mots *tuer* ou *condamner à mort* fussent des termes synonymes ; il était réservé à nos législateurs de 1815 de faire cette bénigne assimilation ; sur ce pied, *combien d'*HOMICIDES *dans nos Chambres des Tournelles !*

Le député de 1815. — L'expression peut être, strictement parlant, un peu impropre ; mais l'emploi qu'on en a fait ne change rien au fond de l'affaire.

Le député de 1817. — Cet emploi prouve au moins qu'il y avait plus de haine que de justice parmi les promoteurs de l'*exil*. Le mot *votant* était depuis long-temps admis. Son acception était connue; mais ce nom même rappelait trop clairement deux choses essentielles: 1° *la liberté des votes*; 2° surtout, l'*oubli des votes*: oubli promis et proclamé par la Charte. L'on a cru échapper à cet embarras par une cruelle transformation de juges *en bourreaux*, ou, ce qui est pis encore, *en assassins*.

Le député de 1815. — Encore une fois, laissons cette dispute de mots pour en venir au fond, et convenez du moins, qu'en soi, la condamnation portée par les mêmes hommes contre la personne inviolable du Roi, était un crime de *lèze-Majesté*.

Le député de 1817. — Bien que vous n'ayez point répondu à mon objection, je répondrai à la vôtre, en ne m'engageant toutefois que le moins possible dans le fond d'un procès que nous n'avons pas à réviser. Vous parlez d'*inviolabilité*; mais cette inviolabilité était-elle intacte quand la convention se réunit? La suspension et l'emprisonnement du roi n'étaient-ils pas l'ouvrage antérieur d'une autre assemblée? Je ne rappelle pas ce fait pour le justifier en lui-même, je ne le cite pas non plus pour en faire l'objet d'une inculpation positive contre cette autre assemblée. En le rappelant, tout ce que j'ai voulu en conclure, c'est qu'il ne faut pas accabler un seul corps (*la convention*) du fardeau qui appartient à plusieurs.

Cette *inviolabilité* d'ailleurs pouvait-elle résister au choc de tant d'autres obstacles évidens : *L'irritation* produite par le dénuement de l'armée; la présence des *ennemis intérieurs et extérieurs;* et surtout cet *esprit d'exaltation républicaine,* dont le foyer se trouvait dans ces nombreuses réunions patriotiques répandues alors sur toute la surface de la France, et dont les pétitions, se montrant sous la forme de l'opinion publique, finissaient presque toujours par en acquérir l'ascendant.

Le député de 1815. — Je n'admets point de telles excuses. Les représentans, *de droit,* devaient l'être *de fait,* et chasser les séditieux clubistes, qui entravaient au moins leur autorité, s'ils ne l'usurpaient pas.

Le député de 1817. — Ces représentans devaient d'abord chasser l'ennemi extérieur, et ils ne le pouvaient pas *tout seuls.* Soyons justes, mon collègue, et n'hésitons pas de reconnaître qu'ils étaient placés dans des circonstances bien difficiles.

Le député de 1815. — Eh! toujours argumenter des circonstances! C'est le refuge ordinaire de ceux qui manquent de bonnes raisons.

Le député de 1817. — C'est un refuge dont on peut abuser sans doute, mais dans lequel bien des gens autres que les votans (et sans y être aussi bien fondés qu'eux) sont, dès aujourd'hui, ou seront un jour fort heureux de pouvoir se retrancher, pour justifier tout ce qu'ils ont fait depuis trente ans : ne leur fermez pas ce refuge.

Le député de 1815. — Mais est-il rien qui puisse justifier cet abominable jugement de 1793? Le croyez-vous? Répondez-moi.

Le député de 1817. — Puisque vous me pressez ainsi, et m'obligez à remuer, malgré moi, les cendres d'un

roi malheureux, je vous dirai ce que je pense, non des
détails de son procès, que je connais peu ou que j'ai oubliés, mais de son caractère personnel, attesté par de
nombreux et irrécusables documens : « Louis XVI, na-
» turellement humain, mais imbu de la doctrine du
» pouvoir absolu, eût voulu rendre ses sujets heureux,
» mais par des moyens qui n'eussent rien retranché de
» ce qu'il regardait comme ses prérogatives royales ;
» naturellement faible, il obéit et céda à la force des
» événemens plutôt qu'il n'y adhéra. » Un tel caractère
convenant très-peu à sa position, donne la clef de beaucoup de résultats *.

Le député de 1815. — En vous accordant que ce por-
trait fût exact, comment justifiera-t-il la déplorable
catastrophe?

Le député de 1817. — Au moins l'explique-t-il bien ;
car l'on ne peut que tergiverser quand on n'agit pas
de son propre mouvement, et l'on fait ordinairement
mal ce que l'on fait contre son gré ; en un mot, on peut
dire qu'en se laissant imposer la couronne constitutionnelle par la force, au lieu de se la mettre lui-même sur
la tête, Louis XVI ne pouvait que succomber dans le
mouvement général des esprits.

Le député de 1815. — Mais n'était-ce donc rien,
pour la nation et pour ceux qui se disaient ses représentans, que cette sublime *résignation* dont les émigrés se

*« Le descendant de Louis XIV avait de la peine à se départir DU DROIT
DIVIN,» dit madame de Staël, dans ses Considérations sur la Révolution
française, tome 1er, page 226; cette opinion n'est pas suspecte : l'auteur
avait vu les choses de près, et aimait la personne du roi, tout en désap-
prouvant la conduite qu'on lui fit tenir.

plaignirent d'abord si amèrement, et dont ensuite les révolutionnaires furent si peu reconnaissans ? Cette vertu bien peu appréciée par les uns, a été bien mal récompensée par les autres : voilà tout ce que je vois ici.

Le député de 1817. — Vous pourriez y voir quelque chose de plus : c'est que si Louis XVI eut des vertus de particulier, il n'eut pas celles qui conviennent au chef d'un grand état, et que s'il s'aliéna successivement tous les partis, ce fut parce qu'il ne voulut ni ouvertement combattre la révolution, ni s'en rendre franchement le chef ; plaignons-le sur le trône ; mais admirons-le dans ses derniers instans, et parce qu'il fut malheureux, n'allons pas, contre sa propre volonté *, nous ériger en vengeurs impitoyables. Cette réflexion me ramène naturellement à ses juges : êtes-vous un peu revenu de votre extrême prévention contre eux, ou voulez-vous que nous poursuivions notre examen à leur égard ?

Le député de 1815. — Je voudrais que vous me prouvassiez au moins que *le jugement* qu'ils ont porté a pu être l'effet d'une raisonnable conviction ; peut-être alors, sans le trouver moins erroné, le trouverai-je plus excusable.

Le député de 1817. — Je ne sais point pénétrer jusque dans le fond des consciences ; mais je ne crois pas à la perversité quand elle ne m'est pas démontrée. Cette *convention nationale*, dont le nom seul parait vous effrayer, se composait de 750 membres dont beaucoup ne

* *Son testament*, lu tous les ans à l'impolitique commémoration du 21 janvier, testament qu'il fallait au moins exécuter, si l'on voulait que sa lecture ne devint pas l'accusation des *exécuteurs testamentaires*, ou de ceux qui devaient l'être.

manquaient pas de courage; vous et moi en connaissons qui jouissent de toute notre estime.

Le député de 1815. — Soit; mais ceux que je vois n'ont pas voté la mort.

Le député de 1817. — Ceux que *vous voyez aujour-d'hui!* sans doute : il ne reste que ceux-là en France; mais, sans remonter au delà de 4 à 5 ans, n'avez-vous pas connu quelques-uns de ceux qu'on déprime tant en ce moment, et qui étaient alors généralement honorés? Du reste, je ne veux pas vous presser sur ce point de peu d'importance, et je reprends le fond de la discussion. D'environ 700 *conventionnels* présens et participant au jugement, il n'y en eut qu'un qui se refusa à déclarer le roi coupable de trahison; ainsi vous me permettrez bien de considérer la déclaration de culpabilité comme *unanime* : la division ne commença que sur la nature de la peine à appliquer. Un peu plus de moitié vota la peine capitale sans conditions; les votes précis ou modifiés du reste de l'assemblée furent pour des peines moindres, principalement pour la détention jusqu'à la paix, et pour le bannissement à cette époque. Cette diversité dans les espèces de peines ne détruit pas l'unanimité qu'on trouve dans la déclaration du plus nombreux jury qui ait existé sur la terre.

Or, voilà la conséquence qui résulte de cette unanimité : puisque deux à trois cents membres de ce grand jury, hommes modérés, et aujourd'hui encore environnés de considération, et même de faveur, avaient déclaré le roi *coupable*, comment quatre cents autres membres *plus ardens* républicains, n'auraient-ils pas cru la même chose? Si je me dépars de l'argument *à fortiori*, vous ne pouvez du moins me refuser l'argument *à priori*: voilà donc sept cents hommes d'accord sur un point qui me semble capital, et d'une force irrésistible, sinon pour établir la vérité du fait et la bonté intrinsèque du jugement (je ne vais point jusque là) du moins, *la bonne foi des juges sans distinction* ; et comme je n'ai point à justifier le jugement, mais les juges, je crois avoir déjà fait un assez grand pas vers cette justification, appuyée sur la conviction et la bonne foi d'hommes supposés même dans l'erreur.

Le député de 1815. — Je ne saurais sonder les diverses parties de ce funeste jugement, ni séparer de la primitive déclaration l'application qui l'a suivie ; puisque près de la moitié de ce prétendu jury avait éprouvé le besoin, ou senti le devoir d'écarter la peine de mort par des votes précis ou modifiés, je demande aux autres pourquoi ils n'ont pas voté de même ?

Le député de 1817. — Vous attaquez ici le domaine des opinions ; de ces 700 députés, les uns, *plus modérés,* ont porté un jugement *plus humain;* les autres, *plus sévères*, ont pu sembler *plus conséquens;* car vous ne pouvez en disconvenir, la racine de la condamnation se trouvait dans la déclaration unanime du jury. Cette déclaration offre encore, sous d'autres rapports, des inductions bien plus radicalement indivisibles entre tous les membres de la convention nationale. Tout-à-l'heure, vous argumentiez de *l'inviolabilité de Louis XVI,* contre les seuls votans que vous appelez *régicides*, et cependant si cette inviolabilité blessée fut un crime de *lèze-majesté*, ce ne put être qu'un crime commun à tous ceux qui se permirent de juger ; car *connaître du fait*, *le déclarer constant*, *et lui appliquer une peine quelconque*, n'était-ce pas rejeter l'inviolabilité, et ce rejet n'a-t-il pas été l'ouvrage de tous?

Le député de 1815.—Vous faites d'inutiles efforts pour confondre ce qu'on a dû distinguer ; ceux qui ont voté pour la détention suivie du bannissement, étaient ceux qui voulaient sauver le roi, et il leur est dû de la reconnaissance aujourd'hui.

Le député de 1817. — Vous venez en deux mots, mon collègue, d'établir beaucoup mieux que je ne l'avais fait dans une longue discussion, le terrible état où étaient la France et la représentation nationale en 1793, puisqu'il est dû aujourd'hui de la reconnaissance par les *Bourbons* à ceux même qui, s'étant constitués juges de *Louis XVI*, malgré son inviolabilité, et l'ayant déclaré coupable, se contentèrent de lui infliger la peine du bannissement. Etrange situation! et cependant, tout à l'heure, inexorable sur les principes, vous ne vouliez rien accorder aux *circonstances*, et vous en méconnaissiez l'empire! Du reste, je ne veux pas plus que vous confondre les deux classes d'hommes qui ont eu le malheur de juger Louis XVI : je ne veux être que juste envers tous. Oui, ceux qui ont voté la moindre peine, ont fait tout ce qui était humainement possible en ces temps d'exaltation. Leur modération a été, pour beaucoup d'entre eux, un sujet de persécutions, et il est juste qu'ils en recueillent aujourd'hui le prix ; c'est ainsi que l'on voit avec plaisir le brave et vertueux *Lanjuinais* siéger à la chambre des pairs ; mais n'y a-t-il point de milieu entre la pairie et la proscription, et ne pouvait-on pas laisser le repos de la vie privée à tant d'autres ? La gradation eût été, ce me semble, mieux observée.

Le député de 1815. — Eh ! de quelle gradation prétendez-vous parler comme blessée dans cette affaire ? N'a-t-on pas fait à ceux qui ont condamné Louis XVI, une assez grande faveur, en leur laissant la vie et leurs biens ?

Le député de 1817. — Moins de colère, je vous prie, et veuillez m'écouter : je conçois très-bien que si, peu après le funeste jugement, les *Bourbons* étaient venus armés et triomphans, renverser la république et ressaisir leur trône, ils eussent pu, dans la chaleur encore subsistante du combat, rendre guerre pour guerre, et livrer à des commissions ceux des votans qui ne se fussent pas, par la fuite, soustraits à la mort ; mais laissons les hypothèses, et voyons les faits : quand la force étrangère a ramené les Bourbons, il y avait plus de vingt ans que s'était passée la catastrophe dans laquelle avait péri le chef de cette famille ; plusieurs gouvernemens s'étaient succédé dans cet intervalle, les *votans* étaient oubliés, les *Bourbons* aussi, et ce n'est point le glaive, mais l'olivier à la main, qu'en 1814, Louis XVIII est rentré sur la terre qui l'avait vu naître, et l'eût peut-être repoussé, s'il se fût présenté sous une autre bannière.

Le député de 1815. — Je sais tout cela.

Le député de 1817. — Vous le savez, et pourtant vous raisonnez comme si vous ne le saviez pas ! ! Tout ce que j'ai dit jusqu'à présent ne m'avait semblé nécessaire que pour vaincre vos injustes préventions envers des hommes dont la conduite, même avant la Charte, pouvait être jugée moins sévèrement ; mais puisque ces moyens ne trouvent point grâce à vos yeux, que pouvez-vous répondre à cette Charte même qui promettait *l'oubli du passé*, et comment concilierez-vous cette promesse avec votre loi du 12 janvier?

Le député de 1815. — Cette promesse a été remplie, tant que de nouveaux événemens ne sont pas venus en relever celui qui avait bien voulu la faire, mais *la révolte de 1815 a effacé le pardon.*

Le député de 1817. — Dans quelle législation avez-vous puisé cette singulière doctrine de délits qui revivent après avoir été remis sans conditions ni restrictions? Je nie qu'il en existe de semblable chez aucun peuple civilisé ; mais dans l'inadmissible supposition d'une telle législation, pouvait-elle s'appliquer à d'autres qu'à ceux qui seraient spécialement impliqués dans de *nouveaux événemens*? Or, dites-moi comment les *votans* en corps avaient pris part à la révolte de 1815 ; apprenez-moi seulement s'ils en étaient accusés. Si je lis l'art. 2 de l'ordonnance du 24 juillet, je n'y trouve que trois ou quatre conventionnels désignés, et le silence gardé sur les autres était l'aveu implicite de leur *non-participation* à cette révolte, au moins d'une manière propre à fixer l'attention, et à mériter une peine.

Le député de 1815. — Mais ils avaient tous, ou presque tous, repris des fonctions pendant les cent jours, ou du moins accepté ce simulacre de constitution qu'ils voulaient élever sur les ruines du pouvoir légitime.

Le député de 1817. — Ah! vous voilà parvenu à ce fameux article 7, à cette étrange disposition qui crée de *nouveaux coupables*, par addition à l'ordonnance de juillet *; qui invente pour une classe particulière de citoyens un nouveau délit, celui d'avoir *accepté des fonctions pendant l'interrègne*; qui, enfin, prononce et applique tout à la fois et *rétroactivement* une peine non écrite dans aucune loi antérieure; voilà le monstre que l'on croirait avoir été enfanté dans les temps du plus grand délire révolutionnaire. Qui pourrait, en y réfléchissant, ne pas déplorer les misères humaines? Qui pourra concevoir qu'au moment même où l'on exilait deux ou trois cents hommes comme coupables de ce *grand crime* d'avoir accepté des places sous *Napoléon*, le roi faisait entrer dans ses conseils d'autres hommes, très-honorables sans doute, mais à qui le même reproche eût pu s'adresser, si c'eût été un fait criminel?

Le député de 1815. — Vous semblez perdre de vue la combinaison du nouveau fait avec l'ancien; les votans, *coupables pardonnés*, ne pouvaient forfaire de nouveau, sans tomber *en récidive*, et, dans cette situation *spéciale*, ils pouvaient bien être aussi l'objet d'une disposition *spéciale* de la loi.

Le député de 1817. — Je reconnais dans cette doctrine le principal argument du docte rapporteur de la loi, et sans être comme lui professeur en droit **, je le combattrai avec ses propres armes : si j'ouvre le Code pénal, j'y lis, art. 56, que le coupable de récidive est celui qui, *ayant été condamné pour crime, aura commis un second crime.* Remarquez bien ce mot *condamné*, et dites-moi où est *la condamnation* que les *votans* avaient subie avant votre fameuse loi. Si vous ne me

---

* L'art. 4 de cette ordonnance déclarait les listes closes.

** M. Corbière est professeur de droit à Rennes.

montrez pas cette *condamnation*, je vous dirai que le texte du Code repousse toute idée et ne sert plus toute application de *récidive*.

Entendriez-vous que l'expression *condamné* n'a pas plus de valeur que l'expression *prévenu*, ou autre de même nature? Il serait aisé de repousser cette fiction, surtout en matière générale; mais, à force de concessions purement libérales, j'espère vous faire sentir combien est ridicule tout l'échafaudage de votre système : en renonçant donc pour un moment au bénéfice d'un texte très-précis, je raisonnerai, abstraction de *toute condamnation antérieure*, et je dirai :

1°. Pour qu'il y ait récidive, ou en d'autres termes, un second délit, il est indispensable qu'il y en ait eu un premier. Or, j'ai démontré plus haut qu'un vote de représentant appliqué au jugement d'un roi, ne constitue pas plus le *régicide* qu'une condamnation judiciaire, même injuste ou erronée, ne peut constituer *l'homicide*. Qu'ainsi, les juges de *Louis XVI*, comme tous les autres, ne sont soumis qu'aux arrêts de l'opinion publique, car tous peuvent se tromper.

2°. Quand on admettrait qu'il y eût eu là un premier délit, il serait impossible d'en argumenter, puisqu'il n'avait donné lieu à aucune poursuite en aucun temps, et qu'au contraire près de vingt-deux ans après ce prétendu délit, un acte constitutionnel avait interdit toutes recherches sur les votes et opinions.

3°. Admît-on encore qu'il y eût un premier délit susceptible de poursuite, où placerez-vous le second? Si vous me dites qu'il consiste *dans l'acceptation de fonctions ou de certains articles constitution-*

nels durant les cent jours, je vous demanderai où est la loi antérieure aux événemens de 1815 qui qualifiait *ce fait* comme *délit*; et si une telle loi existe positivement ou seulement par interprétation ou application de textes plus généraux, je vous demanderai pourquoi elle ne serait applicable qu'aux débris d'une ancienne assemblée nationale, et non à toute autre, prévenue du même fait.

De bonne foi, mon collègue, comment avez-vous pu prendre ainsi le change, et voir une *récidive*, et conséquemment *deux délits* dans une affaire où l'on ne pouvait pas en coter *un seul* qui fût susceptible d'être juridiquement établi?

Le député de 1815.—*Juridiquement*, cela peut être; mais *politiquement*, n'y avait-il donc rien à faire?

Le député de 1817.—La politique conseillait l'oubli en 1814, elle le prescrivait en 1816, puisqu'il avait été promis, et que rien n'établissait que les votans eussent pris aux événemens intermédiaires plus de part que deux millions d'autres citoyens.

Le député de 1815.—Vos raisonnemens sont assez spécieux, et je commence à craindre qu'on ne soit allé un peu trop loin.

Le député de 1817.—Vous n'en douterez plus quand le voile sera tombé; or, pouvez-vous apercevoir dans le délit de nouvelle fabrique autre chose qu'un misérable prétexte pour arriver à de plus vastes réactions?

Le député de 1815.—Mais n'y avait-il donc que de vains prétextes et nulles puissantes raisons pour éloigner des hommes dangereux et nécessairement ennemis d'un gouvernement qui ne peut les faire participer à aucune de ses faveurs?

Le député de 1817. — S'il y avait des raisons assez

puissantes pour prononcer l'exil, malgré les promesses de la Charte, il fallait oser les produire; il y eût eu du moins plus de franchise : ainsi , vous venez à peu près d'avouer vous-même que le motif ostensiblement donné à la loi n'était qu'un prétexte. Eh! qu'eût-il été autre chose, quand on ne jugeait pas même à propos de s'y renfermer? quand on étendait l'exil à des votes accompagnés de restrictions on de conditions non accomplies? quand on obligeait à s'expatrier des hommes qui n'avaient ni rempli de places pendant l'interrègne, ni même accepté les articles additionnels à la constitution?

Le député de 1815. — S'il y a eu des erreurs, on les réparera.

Le député de 1817.—Il y en a une *énorme* et *générale* qu'on ne peut réparer qu'en rapportant la loi : nul gouvernement n'a le droit de proclamer une classe de suspects ou d'hommes *supposés mécontens,* pour les exiler sur ce fondement *seul;* combien d'autres que les *votans* pourraient subir cette fatale expulsion, si l'on pouvait se la croire permise! Après l'analyse que je viens de faire, je ne puis apercevoir dans la mesure adoptée à l'égard des *votans* qu'une injuste proscription; l'ordonnance du 5 septembre 1816 en a dispersé les auteurs; mais leur ouvrage reste, et il faut l'effacer de notre législation.

Le député de 1815.—Mais si c'est une faute, ne vaut-il pas mieux la réparer à petit bruit qu'avec éclat? Le gouvernement a fait des catégories et a déjà opéré quelques rappels.

Le député de 1817.—Je le sais, et suis loin de trouver mauvais qu'on ait déjà rendu à quelques-uns la justice que je réclame pour tous; mais je ne saurais me contenter de demi-mesures ni justice *partielle*, quand il faut réparer une injustice *commune*, et revenir à la Charte scandaleusement violée : je crois aussi ma proposition plus conforme que la vôtre aux vrais intérêts des ministres ; leur travail *par catégorie* révèle leurs fautes, et prouve l'extension qu'on a donnée à la loi même ; *car si tels ou tels* sont aujourd'hui rappelés comme n'étant pas compris, pourquoi les avait-on forcés à sortir il y a trente mois ?

Le député de 1815. — J'éprouve toujours beaucoup d'embarras à la seule idée du rappel en masse de ces hommes parmi lesquels vous ne pouvez disconvenir qu'il n'y en ait dont les noms laissent de fâcheux souvenirs dans les fastes révolutionnaires.

Le député de 1817. — Ils sont bien peu nombreux aujourd'hui ceux qui eussent pu vous vous effrayer autrefois : si la tourmente a englouti de beaux talens et de grandes vertus, d'un autre côté elle a chassé son écume. . . . . Parmi ceux qui ont survécu, beaucoup ont combattu l'anarchie, et plusieurs ont honoré leur pays par des travaux utiles.

Le député de 1815. — D'après l'éloge que vous en faites, prétendriez-vous que *Louis XVIII* dût mettre en place ceux qui ont condamné son frère ?

Le député de 1817. — Je ne vais point jusques là : c'est peut-être une chose fâcheuse pour notre pays que de perdre l'espoir d'utiliser des talens déjà éprouvés ; quant à moi, je ne crains pas d'avouer qu'il me sera pénible de ne pas trouver sur la liste de nos fonctionnaires les grands noms de Carnot, de Sieyès, de Merlin, et plusieurs dignes de figurer à côté de ceux-là ; mais je connais les limites posées par les bienséances, et je prévois même qu'en général ces hommes jouiront en France d'une existence peu agréable : toutefois le calcul de leurs intérêts et de leurs convenances n'appartient qu'à eux ; notre devoir, à nous, est de leur rouvrir les portes de leur patrie ; et dussent-ils de leur propre mouvement en chercher une autre, nous devrions encore écarter d'eux la flétrissure d'une injuste et inconstitutionnelle proscription : voilà toute ma pensée.

Le député de 1815. — Elle peut vous être inspirée par un sentiment de justice que je respecte ; mais comment faire une telle proposition au Roi, sans qu'elle lui semble injurieuse pour lui-même ?

Le député de 1817. — Je ne comprends pas vos craintes ; on ne rend jamais au souverain un plus digne hommage que lorsqu'on lui indique du bien à faire ou du mal à réparer. Je vois bien ici une injure : c'est celle qui fut faite au Roi par la Chambre de 1815, quand, prenant inconstitutionnellement l'initiative, elle força, pour ainsi dire, un monarque éclairé à prononcer une mesure d'exil qui devait lui répugner, au moins *comme contraire à sa parole*, et qu'il n'avait pas proposée lui-même : de quoi s'agit-il aujourd'hui ? de ramener les choses à la première pensée et à la première volonté du Roi, et de lui dire : « Sire, vous êtes plus judicieux que vos conseillers d'alors. » Est-ce là une injure ?

Le député de 1815. — Mais si l'on rapporte cette disposition, que diront les *ultrà?* et ne devons-nous pas craindre de leur faire, sous ce point de vue, trop beau jeu ?

Le député de 1817. — Vos scrupules sont vraiment étonnans. Si j'en crois des récits qui m'ont été faits de bonne part, plusieurs de ces hommes, dont vous redoutez l'opinion et les cris, cherchent eux-mêmes à se disculper de l'odieux de la mesure, en publiant qu'elle leur a été suggérée de plus haut. Je veux bien croire que leur haine contre les ministres leur inspire actuellement ce langage; mais ce qui n'est pas douteux, c'est qu'ils tiennent peu au maintien d'une disposition qui n'était qu'un prélude de tout ce qu'ils voulaient obtenir et n'ont pas obtenu.

Le député de 1815. — Soit : il y a bien là quelque chose de vrai; mais ne sentez-vous pas la difficulté de revenir sur une mesure qu'on regarda dans le temps comme *un sacrifice à faire à la* LÉGITIMITÉ?

Le député de 1817. — Ah, mon collègue! que venez-vous de me révéler! Il y a donc des hommes qui outragent la *légitimité* au point de l'assimiler à certains dieux de la fable qui se repaissaient du sang de leurs victimes! Non, non, la légitimité ne demandait point qu'on lui sacrifiât deux à trois cents hommes échappés à de longs orages; la légitimité est essentiellement juste; c'est à ce sacré caractère qu'elle doit se faire reconnaître, si elle veut être respectée; ce n'est pas en sacrifiant et en élevant des autels à la vengeance.

Le député de 1815. — Vous êtes donc d'avis que cette disposition de la loi soit *pleinement rapportée?*

Le député de 1817. — Oui, sans doute; et plus cet effort semble vous coûter, plus ma position me semble renfermer d'utilité pour le gouvernement lui-même; ce grand acte de justice marquera sa ferme volonté de ne régner que par la constitution, et d'écarter désormais toutes les suggestions de l'esprit de parti : si quelques hommes passionnés élèvent une voix improbatrice, la nation applaudira et étouffera leurs cris impuissans ; car elle a besoin, cette nation, de fixité et de repos, et elle ne se croira point arrivée à ce terme heureux, tant que, sans acception ni exception de personne, les violations de la Charte ne seront point réparées.

Mais il est temps, je crois, de terminer cette longue conversation ; dites-moi seulement, je vous prie, si j'ai obtenu de vous un assentiment positif à quelques-unes de mes propositions.

Le député de 1815. — Eh bien ! je vais vous satisfaire.

En ce qui regarde les *bannis* par suite de jugemens, et les autres citoyens *judiciairement condamnés,* où seulement *poursuivis* à l'occasion des événemens de 1815, et *détenus* en France, ou *fugitifs à l'étranger,* il me semble possible et peut-être même convenable d'étendre aujourd'hui jusqu'à eux les bienfaits de l'amnistie ; ces événemens sont déjà loin de nous ; l'indulgence peut rallier au Gouvernement des milliers de familles, et j'adhère à des idées de pardon ; c'est le dénouement ordinaire de ces sortes d'affaires, c'est la mesure qui indique la fin de l'orage.

Quant aux *trente-huit,* je souscris également à leur rappel ; le nombre est bien petit, et puis la crise passagère qui a fait prononcer leur exil ne laisse plus apercevoir de danger.

Mais à l'égard des *votans,* j'ai besoin d'y réfléchir encore.

Le député de 1817. — Soit : d'ici à la première session, vous en avez le temps ; mais vous finirez par vous rendre sur tous les points, et nous renverserons ensemble, aux jours peu éloignés, je l'espère, de la concorde et de la paix, un monument élevé par la haine et l'esprit de réaction ; oui, nous briserons ce hideux monument, car il faut bien *que la raison finisse par avoir raison.*

Imprimé à Berlin en 1755.

Je suis français, je suis humain, je suis ébloui par la grandeur, je respecte l'infortune ; je le dirai pourtant : Charles premier......

Le crime des mauvais rois est de garder une place qu'ils ne sont pas en état de remplir ; c'était le crime de Charles. Le chef d'un peuple esclave peut être incapable impunément, il ne doit être conduit que par la crainte ; il faut qu'il la partage avec ses sujets ; c'est elle, proprement, qui est le despote d'une troupe d'animaux carnassiers dont le plus fort est à la tête. Mais le chef d'un peuple libre doit être capable, et être conduit par la raison.

La mort de Charles premier et l'expulsion de Jacques second ont fait plus de bien à l'Angleterre que n'en aurait fait le règne le plus glorieux de ces deux princes. Ces deux exemples font trembler les rois, et leur apprennent qu'il y a différentes manières de les punir.

J'aime mieux voir un roi sacrifié par son peuple qu'un peuple sacrifié par son roi; et je suis moins attendri de la mort de Charles que de celle de Barnevelt, de l'assassinat du maréchal d'Ancre, et du massacre de cent mille Irlandais.

Le roi d'un peuple libre doit respecter son peuple; ce qu'il ne peut faire s'il ne le craint.

Pourquoi aurions-nous de l'horreur du régicide de Charles? Charles serait mort aujourd'hui : ainsi il est fort indifférent aujourd'hui qu'il ait été décapité ou qu'il soit mort dans son lit; mais cette exécution n'est pas indifférente à l'Angleterre : sans elle, la patrie de la liberté serait aujourd'hui la patrie de l'esclavage.

Et il est utile qu'il y ait un peuple libre, quand ce ne serait que pour apprendre aux autres qu'ils peuvent l'être.

Il eût fallu aux rois de la vertu pour les empêcher d'être oppresseurs. Le crime de Cromwell leur inspira la crainte; c'est le plus court.

Il est bon que la mort de Charles soit à la fois un sujet d'horreur pour tous les peuples, et un sujet d'effroi pour tous les princes.

Cromwell fit précisément ce qu'on craignait que Charles ne fît, et ce que Condé n'osa faire.

L'on ne trouvera point parmi les modernes un homme qui soit comparable à Cromwell : Richelieu ne le surpassait qu'en scélératesse. Il faut chercher parmi les anciens. Agatocle de Potier se fit roi, suscita de grandes affaires à Carthage, mourut paisible possesseur de son royaume parmi un peuple qu'il avait rendu heureux, mais à qui il n'avait pas ôté les sentimens d'indépendance. Cela ressemble assez à Cromwell et aux Anglais.

Cromwell se trouva dans ce cas où le salut du peuple est la suprême loi ; cas qui ne peut exister que dans ces momens extraordinaires où la société elle-même dispense ses membres d'obéir à ses lois.

Il eût été à souhaiter qu'un parlement légitime eût jugé Charles ; mais dans l'impossibilité de l'assembler, Cromwell jugea qu'il n'était pas plus dangereux de passer par dessus trente formalités que d'en omettre une seule. Il érigea donc une commission contre son roi, comme Henri VIII en avait érigé contre ses sujets. Cette commission nous révolte : celle de Henri VIII révoltait bien plus les Anglais.

Les citoyens romains étaient au dessus des rois. Les rois d'aujourd'hui sont encore bien au dessous d'eux. Comparez Charles avec Scipion : l'un, accusé par ses sujets devant un tribunal incompétent, répond et se justifie : l'autre, accusé devant ses juges naturels d'avoir diverti les deniers de l'état, déchire le registre qui faisait foi de son innocence, et croirait se déshonorer par une apologie.

Cromwell et Richelieu se ressemblent, en ce que l'un ôta aux rois d'Angleterre le pouvoir de faire des crimes, et que l'autre ne laissa pas aux rois de France des crimes à punir.

Les forfaits de Cromwell sont si . . . .

. . . .

que l'enfant bien né. . . . .

sans joindre les mains d'admiration.

Son acte de la navigation amena l'Angleterre au point de rentrer comme d'elle-même dans une constitution encore meilleure que celle qu'il avait détruite ; et c'est peut-être la seule chose qu'il n'ait pas prévue ; il vit bien qu'il rendait les Anglais plus riches ; il ne vit pas qu'il les rendait plus libres.

Il laissa le protectorat à son fils comme son héritage, mais il ne lui laissa pas ses vertus ; et c'est peut-être la seule faute qu'il ait commise. Comment ne prévit-il pas que Richard ne consommerait aucun de ses projets, parce qu'il n'avait aucune de ses qualités, qu'un homme aimable remplirait mal la place d'un grand homme, et que la république retournerait, avec précipitation, à ses maîtres, parce que son fils ne saurait pas répandre du sang ?

Qu'il ait vu la mort approcher sans crainte, sans trouble, sans remords, je n'en suis point surpris ; mais que prévoyant la destruction prochaine de son ouvrage, il ait su mourir sans regrets, c'est une insensibilité qui prouve combien il était supérieur à sa grandeur, et combien il était digne de vivre.

LABAUMELLE.

DISCOURS DE M. BERRYER.

Voici l'inconcevable discours de M. Berryer, prononcé à la chambre des députés, au sujet du rappel des bannis.

Messieurs, vous avez sans doute été frappés comme

moi du laconisme avec lequel M. le ministre de la justice nous a présenté les motifs du projet de loi qui est en ce moment livré à votre discussion. En imitant son silence, l'honorable rapporteur de votre commission a déclaré que son travail ne pouvait être que très-peu développé, et qu'une grande réserve lui était imposée. Comment donc est-elle reconnue nécessaire? Quel besoin du pays, quel intérêt général la réclamait, cette loi dont l'examen exige de si discrètes précautions? Je me défie des lois dont les motifs doivent demeurer secrets, et je redoute, dans les actes politiques, les pensées qu'on ne juge pas convenable d'exprimer. D'ordinaire cette extrême prudence n'est inspirée que par la pudeur ou la crainte.

Toutefois, si, en venant combattre le projet de loi, je veux m'expliquer avec franchise, je tâcherai d'être laconique à mon tour, et de ne point sortir de cette réserve qui nous est si soigneusement recommandée.

Cette loi a trois objets distincts : 1° la rentrée en France des individus bannis par la loi du 12 janvier 1816; 2° leur réintégration dans la jouissance des droits civils et politiques; 3° la restitution des biens et pensions qu'ils possédaient à titre gratuit.

Quant aux deux premières dispositions du projet, il est éminemment inutile de recourir à la sanction de l'autorité législative; le gouvernement a le droit incontestable d'y pourvoir par de simples ordonnances; il n'en est pas même besoin pour les individus que désignait l'art. 3 de la loi de 1816. Tous sont rentrés en France : du moins ils en ont eu la liberté; ils ont été individuellement réintégrés sans leurs droits civils et politiques; il en est même qui ont été appelés aux honneurs de la pairie; il en est qui siégent dans cette chambre. D'ailleurs cet article 3 autorise expressément le roi à les relever de la peine qu'il prononçait. L'art. 7 condamne les régicides à un bannissement perpétuel. Mais il appartient de même au pouvoir royal d'y mettre un terme.

Déjà, sous le règne du feu roi, dès 1818, cinquante-cinq conventionnels ont été autorisés à rentrer en France, et, par des décisions particulières, ils ont été réintégrés dans la jouissance de leurs droits civils et politiques. Pourquoi cet exemple et cette forme de procéder ne sont-ils pas suivis dans la circonstance présente?

Il y a peu de jours que, par une ordonnance du 26 août, tous les jugemens et arrêts qui, depuis le 7 juillet 1815, ont prononcé des condamnations à raison d'*affaires politiques*, ont cessé d'avoir leur effet. Ces condamnés sont rendus, par cette ordonnance, à l'exercice de leurs droits civils et politiques. On a même aboli les poursuites commencées, ce qui peut-être excédait le droit royal.

De semblables actes peuvent anéantir les effets personnels de la loi de 1816; il est inutile de nous présenter un projet de loi pour obtenir ce résultat; notre loi constitutionnelle n'a point ravi au chef de l'état LE DROIT DE FAIRE GRACE. La loi civile l'autorise à rendre la qualité et les droits de Français à ceux qui les auraient perdus.

Votre rapporteur nous a dit que le premier de nos devoirs est de maintenir l'union parmi les Français, d'éviter tout ce qui pourrait opérer des déchiremens et compromettre le salut de la patrie. C'est pour atteindre ce but qu'on nous propose à la fois et de révoquer les dispositions de l'art. 7 de la loi de 1816, et de déclarer qu'il ne sera point dérogé à l'art. 4 de la même loi. Je repousse au contraire, en ces deux points, la loi qui nous est proposée, comme impolitique et imprudente.

Comment n'a-t-on pas vu tout ce que ce projet renferme de fermens de discorde? Après quarante années de dissensions politiques, il existe parmi nous des sentimens qu'il ne faut pas remuer, si l'on veut nous rendre la paix. Ignore-t-on qu'il est des cœurs en France qui s'irritent et frémissent à la pensée du sanglant événement dont on vient si malheureusement rappeler le souvenir; qu'il en est d'autres qui battent noblement au seul nom du grand homme dont, après quinze années, on veut que nous déclarions une seconde fois la famille proscrite? (Explosion de murmures à gauche.)

Certes, aux yeux du plus grand nombre, le partage du pardon et de l'exil paraîtra fait d'étrange sorte! Les noms de ceux qu'il s'agit de ramener au milieu de nous réveillent la mémoire d'un temps de calamités et de crimes, le nom de ceux qu'il faut proscrire se rattachait du moins à des jours signalés par le retour à l'ordre, l'aurore de la prospérité publique et l'éclat d'une gloire immense.

Oui, Messieurs, je regarde une pareille loi comme aussi dangereuse qu'inutile; et, pour dire ici ma pensée toute entière, elle semble nous convier à *une complicité morale que je repousse avec horreur.*

Ce n'est pas par des mesures qui blessent aussi pro-

fondément *d'honorables consciences,* que l'on peut es-
pérer de fonder en France une ère de liberté glorieuse.

Nos heureux et sages voisins nous ont donné un
exemple bien différent. Le jour où la vacance du trône
de Jacques II était déclarée, le jour même où la couronne d'Angleterre fut remise à Guillaume III et à Ma-
rie, la chambre des communes se rendit solennellement
à la cérémonie expiatoire fondée pour l'aniversaire du
meurtre de Charles Ier.

Le troisième objet du projet de loi est évidemment
de la compétence de la chambre : il ne concerne que
des mesures financières. Cependant je crois qu'il faut
rappeler encore l'intérêt des contribuables trop souvent
oublié ; les promesses d'économie ne doivent point être
de vaines paroles dont le peuple est flatté. La réintégration des pensions peut n'être point faite en masse,
mais avec discernement, en raison des causes qui les
ont fait obtenir, et de la position présente de ceux qui
en avaient la jouissance. Je propose en conséquence les
amendemens suivans :

ART. 1er. Les Français bannis en exécution de la loi
du 12 janvier 1816, rentrés en France jusqu'à ce jour,
en vertu de décisions particulières, ou qui obtiendraient
à l'avenir de semblables autorisations, pourront être
réintégrés dans les biens et pensions qu'ils possédaient
à titre gratuit, sans préjudice des droits acquis à des
tiers.

2. Les pensions dont le rétablissement est autorisé
par l'article précédent ne commenceront à courir que
du jour où la réintégration sera ordonnée.

M. Berryer ose parler de *faire grâce* aux hommes à qui nous devons tous les bienfaits de la révolution ! Oui, M. Berrier, il faut faire grâce, mais c'est à vous et à vos pareils ! Vous avez soulevé l'indignation de la France, ce n'est point par respect pour les hommes qui abusent de sa magnanimité, c'est par égard pour ceux qui ont encore le malheur d'être leurs collègues que cette indignation est contenue. Croyez-moi, ne provoquez pas la colère nationale. Vous avez déjà comblé la mesure ; ne la faites point déborder. Profitez de l'avertissement que vous recevez ici : vous avez blessé profondément la conscience d'un peuple qui vous apprécie et qui vous remettra à votre place, afin de fonder une liberté glorieuse, et non une liberté à l'usage des suppôts de la congrégation.

MÉLANGES.

L'un des hommes les plus illustres de la révolution, M. Merlin, exilé par la chambre de 1815, en violation de la Charte, vient d'arriver de Bruxelles à Paris. Le roi des Pays-Bas, fier de posséder dans ses états le premier jurisconsulte de l'Europe, faisait visite à ce grand homme. Mais c'est un *conventionnel*, un *montagnard*; et l'on ne sait pas encore si M. Merlin fera partie du conseil d'état, présidé par M. de Broglie. Peut-être les auteurs du Code civil ne seront-ils pas jugés dignes de s'asseoir à côté des doctrinaires.

On attend de Bruxelles M. Berlier.

On ne pourra sans doute admettre de tels hommes que quand ils auront reçu *leurs lettres de grâce.*

LES MONTAGNARDS ET LES GIRONDINS.

Il circule dans le monde un mot qui fait assez de bruit, mais auquel nous ne pouvons croire, à cause du personnage auquel on l'attribue. On prétend qu'il a répondu au fils d'un conventionnel, qui lui disait, Nos pères étaient montagnards : « *Oui, monsieur; mais, moi, je suis girondin.* » Nous ne pensons pas que ce personnage, fils d'un juge de Louis XVI, soit revenu sur une chose jugée depuis long-temps sans appel. Après quarante ans d'épreuves politiques, en sommes-nous encore à décider la première question agitée par la convention? savoir si la dictature était nécessaire pour éteindre la guerre civile, et repousser toute l'Europe monarchique et féodale armée contre nous; ou bien si l'on devait former de petites républiques fédératives, comme aux États-Unis, où il n'y avait ni ancienne noblesse ni clergé puissant prêts à seconder les projets des despotes et des castes privilégiées sur lesquelles ils s'appuient.... Diviser pour régner, fut la maxime de Machiavel. Quelques amours-propres gascons l'auraient mise en action en France, si les hommes vraiment dévoués à la chose publique ne s'y étaient pas opposés. Les girondins étaient de bonne foi, mais les montagnards ont sauvé la France.

(Extrait du *Times.*)

Voici le manifeste adressé par la junte dirigeante des constitutionnels espagnols à la nation espagnole. La courte esquisse que nous donnons de son contenu expliquera suffisamment les vues du parti dont il émane, et le but qu'il se propose. Le manifeste accuse le roi et son gouvernement d'avoir appauvri, opprimé et dégradé le peuple, et dit que le seul parti qui reste au peuple est de s'élever contre la faction qui a entraîné le roi à des actes destructeurs du bonheur de ses sujets. Il prétend qu'un des principes fondamentaux des anciennes lois du royaume autorise les Espagnols à se coaliser et à prendre les armes contre le roi, s'il abuse du pouvoir, qui, selon les lois, *ne lui a été confié que pour le bien public*, ou s'il méconnaît le devoir, que lui impose le texte de la loi, *de veiller plus au bien-être de son peuple qu'au sien propre*. Le manifeste ajoute qu'il n'y a pas de coutume plus ancienne ni plus juste que celle de l'insurrection du peuple pour réprimer le despotisme, lorsqu'il enchaîne la liberté nationale. En plus d'une circonstance, y est-il dit, les Espagnols, agissant d'après ce principe, ont détrôné leur roi pour remettre son pouvoir en d'autres mains.

La junte, toutefois, emploie les termes les plus positifs pour assurer qu'elle ne veut ni éloigner le roi actuel, ni suivre à cet égard les exemples qu'elle cite. Elle ne désire point non plus que les institutions en vigueur dans le pays soient entièrement changées, ou qu'il y ait une subversion totale et immédiate dans les établissemens nationaux; elle demande seulement que le peuple entier, librement réuni, ait le pouvoir de rédiger la constitution qui devra le gouverner.

Le manifeste déclare que la junte dirigeante de l'insurrection s'est constituée en régence provisoire, parce que le roi, étant sous le pouvoir d'une faction qui le conduit, est incapable de gouverner. Il enjoint de proclamer solennellement la régence dans tout le royaume, et les autorités civiles et militaires ont ordre de lui obéir jusqu'à ce que le congrès national soit assemblé. Nous ne savons comment cette junte est composée, ni quels sont les moyens à sa disposition pour appuyer ses ordres.

« Si le despotisme, dit-elle, nous oblige à avoir recours aux armes, le despotisme répondra du sang qui pourra être versé. Que Dieu bénisse notre entreprise! Mais si, dans ses hauts décrets, il en ordonnait autrement, il vaut mieux périr avec la satisfaction d'avoir cette tentative, que de continuer à vivre dans l'esclavage et l'ignominie. »

DISCOURS DU PRÉSIDENT DES CORTÈS

AU ROI FERDINAND VII,

EN LUI CONFÉRANT LA COURONNE.

« Prince,

Une déplorable crédulité vous a fait descendre du trône où vous étiez monté prématurément par la pusillanimité de votre père, qui avait perdu la confiance de la nation.

Les circonstances de cet événement ont été marquées par des scènes scandaleuses qui ont déconsidéré votre famille. Votre chute a failli entraîner celle de la nation, et elle n'a dû son salut qu'à son courage et à sa persévérance.

Les calamités qu'elle a éprouvées sont inouïes, et la patrie est encore en deuil pour les sacrifices généreux qu'elle a faits dans la cause de son indépendance.

La nation, qui est restée debout au milieu de ses ruines, pourrait se donner pour chef celui de ses guerriers qui a le plus vaillamment défendu sa liberté, ou celui de ses magistrats qui a le plus courageusement soutenu ses droits. La reconnaissance lui en fait un devoir, et peut-être que le désir de sa conservation lui en fait un besoin. Cependant, fidèle à ses sermens plus qu'à la voix de son intérêt, elle replace sur votre tête cette couronne qui en était tombée, et qu'elle a su reconquérir pour vous et sans vous. Ne perdez jamais de vue que vous ne devez cette couronne qu'à la générosité nationale, et que votre vie entière et celle de vos descendans n'auront jamais assez de durée pour vous acquitter envers elle. La patrie ne met à votre autorité d'autres limites que celles qui sont posées par la Charte constitutionnelle que ses représentans ont adoptée; le jour où vous les franchiriez, le pacte solennel qu'elle forme aujourd'hui avec vous serait rompu, et vous deviendriez vous-même sujet de la loi dont vous êtes devenu l'organe.

Régnez, prince; consolez la patrie des maux qu'elle a

soufferts pour vous et par vous, et employez l'autorité qu'elle vous remet à cicatriser ses plaies ; il n'est aucun sacrifice par lequel elle ne soit encore disposée à vous seconder dans cette noble entreprise. Que le ciel protége et prolonge vos jours autant qu'ils seront consacrés à la prospérité nationale ! »

Un haut personnage appelé à gouverner, disait avant les événemens de juillet : « La faction jésuitique et les divers ministères qui se sont succédés depuis seize ans, ont tellement corrompu les classes supérieures de la société, ont fait naître en elles une telle avidité, une telle ambition *qu'un petit bout de dictature*, serait nécessaire pour les régénérer, pour purifier la haute sphère du pouvoir qui en est infectée. Ce personnage est arrivé au pouvoir et il a appelé de suite autour de lui les *doctrinaires* et quelques écoliers qui, n'ayant encore rempli aucun rôle politique, sont purs à ses yeux de tout antécédent de la république ou de l'empire (car la république et l'empire, voilà ce qu'on craint par dessus tout). Eh bien! cet appel fait aux doctrinaires et aux rédacteurs du *Globe* a été entendu ; les classes de l'université ont été désertées à l'instant même; il est descendu des colléges une nuée d'aspirans aux places et aux portefeuilles ministériels; et la dictature, jugée si nécessaire, leur a été confiée! La dictature entre les mains de M. Guizot et de M. de Broglie! En vérité, si la France n'est pas sauvée par de tels hommes, nous la regardons comme perdue à toujours!

Si la dernière dynastie n'avait pas été égarée et abrutie par le fanatisme, elle aurait senti combien la présence du duc d'Orléans était menaçante pour elle, dans le cas où elle commettrait des fautes graves. Cette considération ne l'a point arrêtée. Espérons que le duc d'Orléans n'aura pas à craindre un jour la famille de Napoléon, et qu'il saura toujours se rendre assez populaire pour la rendre inoffensive. Cette famille veut rentrer en France : sa présence y serait-elle dangereuse pour le repos public? Oui. Mais le plus sûr moyen de repousser ses prétentions, de près comme de loin, c'est de rendre la France heureuse. Au surplus, voici la déclaration faite entre les mains de l'ambassadeur de France, par les principaux membres de l'ancienne famille impériale, actuellement à Rome :

« Dès que les événemens de Paris et la chute des Bourbons ont été connus à Rome, les membres de la famille Bonaparte, qui résident dans cette ville, ont fait savoir à l'ambassadeur de France que, la fuite de l'ancienne dynastie du territoire français annulant le décret odieux qui les avait chassés de leur patrie et leur ouvrant les portes de la France, ils sont dans l'intention de profiter, sans délai, de la faculté qu'ils ont d'y rentrer. »

A la suite de cette notification, M. le cardinal Fesch, archevêque de Lyon et primat des Gaules, éloigné de

son siége par un décret plus tyrannique encore, puisqu'il est à la fois contraire aux lois civiles et ecclésias-
tiques, annonce qu'il reprend la juridiction dont jamais
il n'a pu être dépouillé. A cet effet, le cardinal-arche-
vêque déclare qu'en vertu des canons de l'église il va
nommer des vicaires-généraux de son choix, qu'il in-
vestira de son autorité et de ses pouvoirs, afin que seuls
ils puissent administrer légitimement, en son nom et
pour lui, le diocèse de Lyon.

Le premier usage que feront de leur pouvoir les
grands-vicaires nommés par le cardinal-archevêque.de
Lyon sera une déclaration frappant de nullité tous
actes du for intérieur ou extérieur faits à l'avenir, dans
le même diocèse, par l'évêque qui administre cette
église; car cet évêque, contrairement à l'ancienne dis-
cipline, « s'est intrus à la garde d'un troupeau que Jé-
sus-Christ ne lui a pas confié, et s'est établi le pontife
d'une église sur laquelle il n'a pas été établi par le saint
Esprit. »

La réclamation du cardinal Fesch est appuyée par la
cour pontificale ; le pape a puissamment réclamé dans
le temps contre l'injure faite à un prince de l'église dans
la personne du cardinal Fesch. Sa Sainteté a constamment refusé de nommer un titulaire pour l'arche-
vêché de Lyon tant que le cardinal ne donnerait pas sa
démission, ce que celui-ci n'a jamais voulu faire ; le
pape enfin n'a consenti à conférer à un évêque étranger
l'administration provisoire de ce siége que pour ne pas
laisser les fidèles de cette église sans pasteur.

Il faut ajouter à cette déclaration la lettre qui suit.

« *A Monsieur le Rédacteur du Courrier Français.*

Florence, ce 10 août 1830.

Monsieur,

J'ai reçu ce matin trois numéros de votre journal,
ceux du 30 juillet, du 1er et 2 août. Les grandes nouvelles qu'ils m'ont apprises d'une manière certaine m'ont
jeté dans un état difficile à décrire. Que je suis heureux
et fier d'être Français ! Je vous écris à la hâte et encore
tout ému. Le but de ma lettre est de vous prier de faire
distribuer à quelques familles indigentes de ces héros
des 27, 28 et 29 juillet la modique somme de 60 louis,
que je vous envoie ci-joint ; c'est tout ce que je possède
en ce moment.

La révolution qui vient d'avoir lieu est sans exemple
dans l'histoire. C'est une révolution d'honnêtes gens.
Trente-deux millions d'hommes, sans autres chefs que
l'honneur et la justice, s'arment spontanément pour
soutenir leurs droits, combattent avec un courage inouï ;
et, vainqueurs, ils s'arrêtent purs de tout forfait. Le peuple le plus civilisé du monde sait pardonner ; sa modération dans le succès est un de ses trophées. Loin de lui
l'idée de la vengeance : il protège lui-même la fuite de
ses ennemis ; et pour tout supplice il les condamne à
voir, du fond de leur retraite, la France, qu'ils voulaient
opprimer, libre et heureuse malgré eux. Le regret de

n'avoir pu verser mon sang pour une si belle cause me poursuit comme un remords; mais le triomphe de ma patrie adoucit beaucoup l'amertume de mon exil.

Agréez, etc.

NAPOLÉON BONAPARTE,

Fils aîné de Louis Bonaparte,

comte de Saint-Leu. »

La légitimité au premier degré est aussi insolente qu'au second. La nouvelle noblesse n'est libérale que par opposition avec l'ancienne; et elle est plus dangereuse, car elle est moins pourie. Un jour quelqu'un émettait le vœu, dans un salon où se trouvait le général F.., que l'ancienne et la nouvelle noblesse fussent supprimées : « *Messieurs*, repartit vivement le général, *si l'on nous attaque, nous saurons nous défendre !*

Le général T....d, membre de la chambre des députés, disait à plusieurs de ses amis : « Nous avons un roi honnête homme; mais tant que nous aurons *les deux centres*, nous ne pourrons pas marcher. »

EXTRAIT DE L'OPINION DE M. CORMENIN

SUR LE SYSTÈME ÉLECTORAL.

Le cens de capacité vaut bien, vaut mieux souvent que le cens de fortune. Un notaire, un avocat, un officier, un académicien, un professeur, un ingénieur, un médecin, tiennent dans leurs mains, comme jurés, la vie et l'honneur des hommes : et ils n'auraient pas, pour nommer tous les cinq ans un député, la capacité que vous reconnaissez à un paysan illettré ! De plus, l'introduction de ces électeurs de capacité aurait pour effet de verser plus de lumières dans la masse électorale, et, par conséquent, de diriger vers de meilleurs choix son action agrandie.

Le cens de fortune doit être abaissé d'une centaine de francs peut-être : parce que 200 francs de contributions représentent en 1830, dans la proportion combinée du revenu et de l'impôt, 300 francs de contributions en 1814 ;

Parce que le cens actuel exclut trop de citoyens de la jouissance du droit électoral;

Parce que, lorsqu'un gouvernement ne prend pas son fondement dans le droit divin et sa force dans l'aristocratie, il faut qu'il la prenne dans le peuple. Il faut donc qu'il relève le peuple à ses propres yeux, et qu'il le rattache à lui par les exercices forts et vivaces du droit politique. Car, en définitive, comment la société serait-elle tranquille et protégée, si le gouvernement n'avait pas de la force? et ne faut-il pas qu'il la prenne quelque part?

D'un autre côté, la prudence veut que la dégradation du cens ne soit pas aujourd'hui trop précipitée, de peur que beaucoup d'électeurs ne manquent encore de discernement politique, et par conséquent d'indépendance. N'oublions pas que les gouvernemens qui ont pesé sur la France, et qui prodiguaient à l'avidité de leurs courtisans les trésors amassés par les sueurs du peuple, retenaient systématiquement ce peuple dans l'abrutissement de l'ignorance. Au lieu de circulaires et d'instructions ministérielles, si vous voulez que votre établissement électoral ait de la vérité et de la vie, accompagnez-le d'un bon établissement d'instruction primaire; délivrez la presse des entraves de tout impôt; laissez filer la lumière par toutes les issues; rappelez sans cesse au peuple sa grandeur et sa dignité, et développez en lui ce sens moral, cette intelligence secrète du droit et du devoir, dont le Dieu de l'égalité a déposé le germe dans nos âmes. A mesure que vous éclairerez le peuple, abaissez le cens de session en session jusqu'à des limites rationnelles. Faites enfin pour le peuple ce que, dans un autre dessein, l'aristocratie voulait faire pour elle.

En résumé, le cens stationnaire d'aujourd'hui est contraire à l'esprit, aux besoins, aux intérêts de notre glorieuse révolution.

Le cens d'une échelle trop rapidement abaissée introduirait dans l'élection directe des élémens de perturbation, d'ignorance, d'aveuglement, et la coterie surmonterait l'individualité.

L'abaissement progressif du cens, surveillé par l'expérience, amélioré par l'instruction, peut seul amener une véritable représentation nationale.

Mais pour combiner définitivement ce système, il faut une chambre qui se soit retrempée toute entière aux sources vives de l'opinion; une chambre qui soit législative, sans avoir été constituante; une chambre où ne s'entrechoquent point les élémens disparates du double vote, du provisoire et du définitif; une chambre que les vents croisés de mille opinions ne poussent pas sans cesse d'un rivage à l'autre; une chambre qui accepte franchement le dogme de l'élection populaire; une chambre qui ne soit pas saisie de continuelles frayeurs de l'anarchie, dès qu'il s'agit tout simplement d'ajuster une conséquence à son principe; une chambre enfin où la sève de la jeunesse ait renouvelé les doctrines épuisées de la restauration et de l'empire.

M. GUIZOT ET LES ORDONNANCES DE CHARLES X

DU 25 JUILLET,

OU LA CENSURE AU MINISTÈRE APRÈS LA RÉVOLUTION DE 1830;

PAR M. CADIOT.

Voilà décidément M. Guizot attaché au carcan de l'opinion publique; il n'aura pas suffi à ce chef des doctrinaires d'avoir tout juste la dose de *libéralisme* suffisante pour arriver au ministère ; les actes de sa vie passée sont révélés au grand jour. Un citoyen courageux a fouillé dans l'histoire contemporaine ; il nous montre aujourd'hui l'affreuse vérité ; ses paroles sont pleines d'une vertueuse indignation : on partage en le lisant les sentimens qui l'oppressent.

« L'infâme ordonnance du 25 juillet contre la liberté de la presse, dit M. Cadiot, est la remise en vigueur de l'abominable loi du 21 octobre 1814 ; c'est sur cette loi que le despotisme s'est appuyé pour tenter l'asservissement de la France.

» Eh bien ! M. Guizot a été chargé de l'exécution de la disposition la plus tyrannique de cette loi, la plus hideuse de toutes celles dont les Bourbons ont voulu nous gratifier.

» Ce ministre, né de la révolution de 1830, a été nommé CENSEUR ROYAL le 24 octobre 1814 par une ordonnance, en exécution de la loi du 21 du même mois.

» Cette loi de 1814, dont M. Guizot était l'exécuteur, remise en vigueur par Charles X., Peyronnet et Polignac, le 25 juillet, a causé la révolution de 1830 ; révolution glorieuse, mais achetée au prix du sang français, du sang français coulant par flots dans la capitale !......

» M. Guizot était à cette époque secrétaire-général au ministère de l'intérieur, dont l'abbé Montesquiou avait le porte-feuille. Dans ce temps aussi on voyait au ministère M. Blacas et M. Dambray, ce fameux chancelier qui, lors de l'émission de la Charte, annonça que Louis XVIII, en pleine possession de ses droits héréditaires, ne voulait exercer l'autorité qu'il tenait de Dieu et de ses pères qu'en posant lui-même les bornes de son pouvoir ; que le roi déployait l'appareil imposant de la royauté pour apporter à son peuple le bienfait précieux d'une ORDONNANCE DE RÉFORMATION. »

Et M. Cadiot rapporte les pièces justificatives, afin que les ignorans et les hommes sans mémoire ne puissent pas crier à la calomnie.

Ainsi, *selon toutes les probabilités*, M. Guizot a été un des fabricateurs de la loi du 21 octobre 1814, dont il a été *très-certainement* un des exécuteurs.

M. Guizot a été CENSEUR ROYAL avec les *Delvincourt*, les *Auger*, les *Dillon*, les *Frayssinous* ! etc.

La loi de 1814 a été la source où ont puisé les auteurs des ordonnances du 25 juillet ; et M. Guizot a pu coopérer à cette loi !

« Eh quoi ! s'écrie M. Cadiot, Paris aura été inondé de sang pour avoir repoussé d'infâmes ministres, et il verra ses destinées entre des mains souillées par la censure ! Et quelle censure encore ?... Une censure établie par la loi de 1814, par cette loi dont nous n'avons repoussé la tyrannie qu'à prix de sang... C'est une indignité, une trahison !

Vraiment la tête tourne. On croit rêver quand on voit le peuple français gouverné, après les journées de juillet, par un CENSEUR ROYAL !

M. Guizot EX-CENSEUR ROYAL à côté de Dupont de l'Eure, siégeant avec Dupont de l'Eure dans le même conseil !

M. Guizot, *ex-censeur royal*, ministre d'un roi-citoyen, sous une charte qui abolit expressément et à jamais la censure !

Mais où sommes-nous donc ? Par quelle monstrueuse fatalité la France doit-elle être éternellement la proie de ces hommes qui sous tous les régimes ont fondé leur fortune particulière sur les débris de la liberté ?

Que nos vampires politiques produisent leurs titres. Mais ils n'en ont point d'autres que l'intrigue et la cupidité.

Il est temps que cela finisse. M. Guizot ne peut exploiter plus long-temps la glorieuse révolution de 1830. La plupart des nouveaux préfets le suivront dans sa retraite. Il serait inconcevable que nos départemens consentissent à être représentés par des petits-maîtres dont la fatuité peut seule égaler la nullité.

(Extrait du Patriote du 30 août.)

PANTHÉON FRANÇAIS.

AUX GRANDS HOMMES LA PATRIE RECONNAISSANTE.

Un des premiers soins de la faction jésuitique fut la violation des sépultures nationales. La gloire n'eut plus d'asile dans les caveaux du Panthéon. Les cendres des hommes illustres furent jetées au vent. Des cérémonies expiatoires furent instituées pour effacer les souvenirs du culte du génie.

Toutefois cette œuvre abominable ne s'accomplit

pas sans soulever l'indignation d'hommes honorables
qui crurent devoir protester contre cette espèce d'exhé-
rédation nationale.

M. Gossuin, l'un des collaborateurs de la *Bibliothèque
historique*, fit insérer dans le huitième volume de cet
ouvrage une généreuse protestation. Les sentimens qui
l'animaient alors lui ont inspiré la noble pensée de reconquérir le Panthéon pour les cendres de nos grands
hommes et pour les victimes de la tyrannie. Ces sentimens ont retenti dans le cœur du peuple, et ont reçu
la sanction publique par la consécration du buste du
maréchal Ney, qui a été porté hier* au Panthéon au milieu de douze gardes nationaux, suivis de dix mille citoyens réunis dans le temple. M. Lebas a prononcé
les paroles suivantes insérées en 1818 dans la *Bibliothèque historique* :

« Un des résultats les plus heureux de la révolution
est d'avoir rendu nationales les récompenses qui, sous
le régime de la monarchie absolue et de la féodalité,
étaient des faveurs ou des priviléges. Désormais, pour
les obtenir, les courtisans et les nobles seront forcés de
devenir citoyens, et, en cessant d'être le patrimoine
d'une classe à part, elles seront rendues à leur destina-
tion primitive. Dût s'en offenser l'orgueil de tous nos
anciens possesseurs de fiefs, les domaines de la gloire
sont régis par des lois essentiellement républicaines : ce
n'est point à titre de prince, c'est à titre de héros que
Condé s'y trouve placé à côté de Turenne.

» Assez long-temps la religion a servi à perpétuer des

* Extrait du Courrier Français du 19 août.

distinctions de caste et de naissance : pourquoi rougirait-elle aujourd'hui de seconder la justice distributive, qui est égale pour tous les hommes ?

» Les ministres du culte catholique, sous prétexte que le Panthéon a été profané depuis vingt-cinq ans, veulent en chasser tous les grands hommes de ce siècle, tandis qu'ils revendiquent ceux des siècles précédens comme leur propriété.

» Ils ne connaissent point la distinction du sacré et du profane, ceux qui la placent ailleurs que dans les actions des hommes. La postérité dédaigne les titres pompeux qui décorent les parvis de nos temples : elle n'y cherche que la vertu.

» La tombe d'un grand homme n'appartient pas à une secte : elle appartient à la nation. De même qu'il ne doit point sa gloire à ses aïeux, il ne peut la transmettre à ses descendans. Sa propre famille et ses enfans n'héritent de lui qu'en qualité de citoyens, et ce n'est qu'en l'imitant qu'ils peuvent acquérir plus de droits que les autres à l'admiration et à la reconnaissance nationale. Nos grands hommes forment une famille à part ; personne ne peut entrer dans cette race sacrée par le droit ordinaire de la naissance, et en faisant parade d'un vain titre, transmis de père en fils à des descendans obscurs et inconnus de la nation.

» Cette illustre famille, dont tous les membres sont unis par un lien commun, la gloire nationale, ne s'éteint jamais faute de descendans légitimes ; elle se renouvelle chaque siècle de tous les grands hommes qu'il produit ; et, toujours plus nombreuse sans cesser d'être la même, elle s'agrandit avec la nation à laquelle elle appartient, et ne termine son existence qu'avec elle.

» Elle n'a point cessé d'exister parmi nous, cette grande famille nationale ; on ne peut fermer la sépulture qui lui est réservée, et qui pendant vingt-cinq ans a été ouverte aux descendans vraiment légitimes des Bayard, des Duguesclin, des Corneille, des Fénelon, des Sully et des Lhôpital.... Nous ne sommes point dégénérés ; nous n'avons point répudié ceux que la patrie a adoptés dans sa reconnaissance. Leur sépulture, consacrée par une loi, ne peut être violée par l'arbitraire, et la volonté d'une secte ne peut être substituée à celle de la nation. »

M. Le Bas a ajouté :

« Et, toi aussi, tu appartiens à cette noble famille, fils de la liberté et de la victoire, toi qui sors des rangs de ce peuple si long-temps méconnu, toujours si grand et si magnanime ! Tu as vu mettre le comble à ta gloire en mourant victime d'un pouvoir odieux. Viens reposer en paix dans ce temple du génie et de la vertu ; viens en ouvrir les portes à ces généreux martyrs de la liberté qui, comme toi, lui ont donné leur vie, et qui, poussant plus loin leur héroïque dévouement, lui ont sacrifié jusqu'à cette renommée à laquelle ils avaient de si justes titres. Viens, prends ta place près des génies sublimes qui ne furent étrangers à aucun de nos triomphes ; viens, et qu'en s'arrêtant devant le monument que la patrie reconnaissante va consacrer à ta mémoire, chacun de nous se dise en s'inclinant avec respect : *Il avait combattu trente ans pour la patrie, trente ans il avait été respecté par la mort ; les tyrans l'ont assassiné !*..... »

En sortant du temple la foule a répété : « Vive Ney ! » Honneur aux illustres morts !.....

— Les restes de Voltaire et de Rousseau ont été replacés dans leur ancien caveau au Panthéon.

Rien n'a été si calme et si auguste que la cérémonie funèbre qui a eu lieu à Bordeaux en l'honneur des frères Faucher, malheureuses victimes des réactions politiques. A six heures du soir, le cortége s'est mis en marche, et a traversé chapeau bas, et au milieu de quinze ou vingt mille individus, la distance qui le séparait du cimetière.

Un drapeau tricolore, surmonté d'une couronne, et sur lequel était écrit : *Aux mânes des frères Faucher*, précédait la marche : il était porté par un brave, Désiré Tixier, qui perdit un bras à Waterloo ; deux membres de la Légion d'Honneur tenaient le crêpe qui y était attaché. Ensuite venait une députation de la marine, avec deux drapeaux aux trois couleurs : le neveu des deux victimes, ceint d'une écharpe noire ; huit des commissaires, trente-deux officiers du 55e de ligne ; et, enfin, une longue file de citoyens de tous les âges et de tous les états.

Je donne la tête de J.-J. Rousseau * au premier gouvernement qui abolira la peine de mort.

C.-E. GOSSUIN,

Ancien membre du conseil d'état et du
conseil des recours en grâce.

Une députation des citoyens de l'arrondissement d'Avesnes, département du Nord, est venue présenter au Roi des Français l'hommage de ses respects. Elle était composée ainsi qu'il suit :

MM. Antoine, propriétaire à Étræungt ;
Aubry, ancien notaire ;
Barry, ancien colonel dans les dragons de la vieille garde ;
Barry, élève de l'école normale ;
Aug. Évrard, propriétaire et électeur, de Boulogne ;
Fontaine, avocat et clerc de notaire, de Wignchies ;
A. Godefroy, propriétaire ;
C. Godefroy, avocat ;
Gossuin, ancien membre du conseil d'état et du conseil des recours en grâce ;
George, notaire et électeur ;
Hammann, ancien capitaine ;

* Moulée vingt-quatre heures après sa mort, par Houdon, sculpteur.

CASIMIR LEBRUN, négociant et électeur, de Fer-
rière-la-Grande;

DE MARTIGNY-DES-ROCHES, inspecteur - général
des forêts du duc d'Orléans;

STAINCQ, receveur municipal de Marbaix, etc.,
etc.

Voici la réponse de Philippe Ier à ces honorables députés : elle peut servir à faire connaître l'éloquence
populaire de ce roi citoyen.

« Nous avons vu tout ce qu'on pouvait faire pour faus-
ser l'esprit de la Charte et entraver son développement,
c'est pour cela que j'ai dit : « *Désormais la Charte sera
une vérité.* » Le but constant de mes efforts sera d'assurer le maintien des libertés publiques, et d'organiser
l'administration de manière à ce qu'elle soit forte pour
faire le bien, sans pouvoir jamais nuire au développement de nos institutions.

EXTRAIT D'UNE LETTRE ADRESSÉE PAR UN ANGLAIS

AU RÉDACTEUR DE LA CHRONIQUE NATIONALE.

La nomination de M. de T.......... comme ambassadeur extraordinaire, produira parmi nous une sensa-
tion non moins pénible qu'en France. Là, il sera plus
mal accueilli qu'il n'a été traité ici. Tous les écrivains
périodiques qui ont quelque influence sur l'opinion
sont d'accord pour rappeler successivement tout le

scandale de sa longue carrière politique. L'un d'eux qui, depuis plusieurs années, avait quitté l'arène de la polémique, va y rentrer de nouveau tout exprès pour dévoiler des turpitudes dont il a été témoin, soit en France, soit à l'étranger. M. de T........., qui l'avait livré dans un temps à ses bourreaux, ne trouvera pas à Londres d'ennemi plus acharné et plus capable de soulever tous les partis contre lui.

A sa réception à Douvres, et partout où il se rendra, il sera précédé d'un AVIS AU PUBLIC conçu à peu près en ces termes :

« Aubergistes et Marchands de toute espèce, gardez-vous de recevoir aucune *bank-note* de l'ambassadeur actuel. Rappelez-vous que sous le règne de Napoléon, il y avait à Hambourg une fabrique de faux billets. A la première restauration, en 1814, deux fausses planches existaient encore. M. D***, qui avait été placé à la tête de cette fabrication, vint en livrer une au gouvernement de notre pays, moyennant quelques mille livres sterling qu'on lui donna comme récompense. Il déclara que la seconde était entre les mains de M. de T.......... On fit près de ce ministre d'inutiles démarches pour en obtenir la remise. Pourquoi la gardait-il ? Qu'en voulait-il faire ? Ne la possède-t-il pas encore!...

Marchands et aubergistes, si vous croyez devoir faire quelques avances, faites-vous payer en or ou en argent. »

On peut juger par cet avertissement, et il en paraîtra mille de ce genre ; quel honneur rejaillira sur la France d'avoir un pareil représentant près de la nation qui sait le mieux apprécier les qualités morales et les vertus publiques des hommes d'état ?

« Les hommes qui ont souffert ensemble de nos dis-
cordes, également fatigués, se résignent à achever en
paix leurs vieux jours*; mais nos enfans, ces enfans qui
n'auront pas, comme nous, besoin de repos, n'entre-
ront point dans ce compromis de la lassitude : ils mar
cheront, et revendiqueront, la Charte à la main, le
prix du sang et des larmes de leurs pères. On ne fait
point reculer les générations qui s'avancent, en leur
jetant à la tête des fragmens de ruines et des débris de
tombeaux. Les insensés qui prétendent mener le passé
au combat contre l'avenir sont les victimes de leur té-
mérité : les siècles, en s'abordant, les écrasent. »

Chateaubriand.

NOUVELLES D'ALGER.

Le bruit s'était répandu de l'arrivée en cette ville du
général Clauzel. Depuis quatre jours, M. de Bourmont
avait quitté la Casauba pour faire place à son successeur,
et il s'est logé, comme un simple particulier, dans une
fort jolie maison, bâtie par un des anciens deys déchus.
La nouvelle des mémorables journées de Paris et de la
résistance aux troupes royales a été reçue avec joie par
l'armée d'Afrique; le duc d'Escars, commandant la 3ᵉ
division, a quitté Alger incognito, et il s'est embarqué
sur un navire marchand pour Carthagène. Nos troupes,
fatiguées de la guerre obstinée que leur font les Bédouins,
abandonnent Oran et Bone, et se replient sur Alger par
ordre supérieur; toutes nos forces vont se centraliser autour de cette place. On parlait de prendre dans ces can-

---

* Excepté le prince de Talleyrand, qui reste toujours debout quand
tout le monde est abattu.

I. 7

tonnemens des quartiers d'hiver pour recommencer la campagne au printemps prochain sur un nouveau plan; mais il est probable que le général Clauzel suivra d'autres instructions et continuera la guerre.

La retraite de nos troupes d'Oran et de Bone semble avoir donné du courage aux populations arabes, et les excite à insulter l'armée française. Le bey de Titsery, qui s'était présenté nu-pieds pour faire sa soumission au général en chef et lui payer tribut, vient de lui adresser la lettre la plus présomptueuse et la plus insolente, pour lui déclarer la guerre, attendu qu'il avait manqué à ses engagemens. Il lui annonce dans son manifeste qu'il va l'attaquer à la tête de deux cent mille hommes. Cette rodomontade orientale n'a rien qui puisse nous effrayer; il est seulement à craindre que ces hostilités nouvelles n'interceptent nos communications avec l'intérieur de l'Afrique, et ne nous privent par là des bestiaux et des vivres que nous avons achetés jusqu'ici aux Maures de ces contrées, et qui sont indispensablement nécessaires à la subsistance des troupes françaises.

La renommée et les antécédens du général Clauzel donnent à l'armée d'Afrique de grandes espérances, pour la faire sortir sans doute de l'inaction à laquelle elle a été condamnée; car on s'occupait ici de rapine plutôt que de guerre. On ne peut avoir une idée des dilapidations qui ont eu lieu; on aurait dit que cette expédition n'avait été entreprise que pour fournir aux généraux l'occasion de s'enrichir. Il est déplorable que des Français aient donné à l'Europe l'occasion de dire qu'ils ont volé des pirates.

La liberté toujours fut mère du courage :
On n'a rien a défendre au sein de l'esclavage.
Le citoyen perd tout en perdant son pays,
Eh ! qu'importe à quel joug un esclave est soumis?
Nous sommes tous égaux sous un nouvel empire,
La faveur n'atteint plus où le mérite aspire ;
Un vain titre, transmis pour conserver les rangs,
Ne livre plus le peuple à ces nombreux tyrans,
Qui, foulant à leurs pieds l'homme ainsi que la terre,
Rendaient de leurs vassaux l'opprobre héréditaire.
Dans des codes nouveaux nos titres sont tracés :
Un noble cherche en vain ses titres effacés.
La vertu seule a droit d'imposer un hommage,
Et le droit d'opprimer n'est plus un héritage.
Qu'un noble, s'il le veut, vive de souvenir,
Mais chaque citoyen a droit à l'avenir.

. . . .

Quel peuple n'a le droit de fixer son destin ?
En acceptant les lois d'un juste souverain,
Nous avons renversé les maximes barbares
Qui firent des Gaulois, sous des vainqueurs avares,
Des serfs dans leur patrie à la glèbe attachés,
Ou de vils affranchis de roture entachés.
Si les fiefs étaient la palme du courage,
Quel Français aujourd'hui n'aurait droit au partage ?
Eh quoi ! les descendans des soldats de Clovis
Croient-ils tenir encor des Gaulois asservis ?
Quand un peuple est vainqueur et que l'autre est esclave,
La noblesse, sans doute, appartient au plus brave,
Mais le peuple vainqueur a lui-même des lois,
Auxquelles pour régner se soumettent les Rois *.

* Les anciens peuples conquérans de l'Europe avaient pour maxime

Clovis n'eût point osé par des lois arbitraires
Fixer à ses soldats le partage des terres ;
Tout puissant qu'il était, un de ses compagnons
L'eût fait ressouvenir du vase de Soissons.

C'est au prix de leur sang qui coule dans nos veines
Que nos pères, brisant avec effort leurs chaînes,
Ont fondé, pour nous seuls, l'heureuse liberté
Dont leurs bras courageux n'avaient pas hérité.
Nous avons recueilli leur dépouille sacrée,
Par leurs enfans du moins qu'elle soit révérée :
N'allons pas, tout parés de leurs droits, de leur nom,
Mendier sur leur tombe un indigne pardon.

Parcourons avec gloire un siècle de lumière,
Respectons ce que fit la nation entière :
Honteusement soumise au pouvoir féodal,
Elle a conquis enfin un Prince libéral.
C'est en vain qu'elle aurait, à force d'injustice,
Cimenté de ses droits le nouvel édifice :
L'intérêt personnel saurait bien par degré
Saper ses fondemens et détruire à son gré
Un monument qu'il dit élevé par le crime,
Et dont la chute ainsi deviendrait légitime.
Soutenons tous ensemble un si beau monument,
Qu'il repose à jamais sur son vrai fondement :
L'humanité, la paix, l'amour de nos semblables ;
Et pour en rendre encor les bases plus durables,
De nos pères auprès élevons les tombeaux ;
Et qu'on lise dessus l'histoire de nos maux.

fondamentale que *nul homme libre ne peut être imposé contre sa volonté.*
Les Francs, qui formaient la noblesse féodale en France, se rassem-
blaient tous les ans au CHAMP DE MAI, pour y délibérer sur tous
les grands intérêts de l'état. Cet exemple sera-t-il perdu pour les
peuples !....

www.ingramcontent.com/pod-product-compliance
Lightning Source LLC
Chambersburg PA
CBHW071314030726
47594CB00002B/421